번영의 길

제임스 앨런의 생각 시리즈 ♠ 2

THE PATH TO PROSPERITY
번영의 길

제임스 앨런 지음 · 고명선 옮김 · 김미식 그림

도서출판 물푸레

옮긴이 | 고명선

고명선은 서울대학교 심리학과를 졸업하고, 동 대학원에서 종교학 석사 학위를 받았으며, 종교학 박사 과정을 수료했다. 명상요가회 동아리에서 활동하면서부터 명상에 관심을 갖게 된 이후 지금까지 동서양의 명상 전통을 폭넓게 공부해왔다. 역서로는 『상자 안에 있는 사람, 상자 밖에 있는 사람』, 『당신이 어디를 가든 거기엔 당신이 있다』, 『생각하는 모습 그대로 II』가 있다.

그림 | 김미식

김미식은 1958년 여주에서 태어나 자신만의 그림 세계를 열정적으로 펼쳐가고 있으며, 그동안 다수의 개인전과 그룹전을 열었다. 주요 개인전을 보면 2005년 인사아트센터, 2005년 뉴욕 첼시아트센터, 2006년 KBS 등이 있으며 2009년 5월 1일 일본 동경에서 기획전이 열린다. 또한 도서출판 물푸레와 공동으로 '영국이 낳은 신비의 작가 제임스 앨런과 여류화가 김미식의 현대미술의 만남' 이란 주제로 《제임스 앨런 생각시리즈》를 진행하고 있다.

번영의 길

지은이 | 제임스 앨런
옮긴이 | 고명선 그림 | 김미식
펴낸이 | 우문식
펴낸곳 | 도서출판 물푸레

초판 1쇄 인쇄 2009년 3월 10일
초판 1쇄 발행 2009년 3월 15일

등록번호 | 제 1072-25호
등록일자 | 1994년 11월 11일
경기도 안양시 동안구 호계 1동 950-51
TEL | (031)453-3211, FAX | (031)458-0097
e-mail | mpr@mulpure.com
homepage | www.mulpure.com

이 책의 한국어판 저작권은 베스툰코리아를 통하여
데보스출판사와 계약한 물푸레에 있습니다.
저작권법에 의하여 보호받는 저작물이므로
사전 허락 없는 무단 전재나 복제를 금합니다.

값 6,900원

ISBN 978-89-8110-263-0 04840
ISBN 978-89-8110-261-6 (세트)

차례

제임스 앨런에 대하여 _ 6

머리글 _ 12

악의 교훈 _ 16

세상은 내면의 거울 _ 30

원치 않는 환경을 극복하는 길 _ 44

생각의 고요한 힘 _ 74

힘과 건강, 성공의 비결 _ 94

풍요로운 행복의 비결 _ 120

번영의 실현 _ 136

제임스 앨런에 대하여

제임스 앨런은 20세기의 '신비의 문인'으로 불린다. 그의 베스트셀러인 고전 『생각하는 그대로As a man Thinketh』가 전세계 1,000만 명 이상의 독자들에게 알려졌지만, 정작 이 책의 저자인 그에 대해서는 별로 알려진 게 없다.

제임스 앨런은 1864년 영국 레스터에서 태어났으며 어릴 때 그의 아버지를 따라 미국으로 갔다. 그의 아버지는 유복한 사업가였지만 좋지 않은 경제상황 때문에 1878년 파산했고, 그 다음해 비참하게 살해

당했다. 이러한 가정환경 때문에 제임스 앨런은 15세 때부터 그의 가족을 위해 일하지 않으면 안 되었다. 앨런은 결국 결혼했고, 영국 거대기업의 행정을 다루는 개인 서기관이 되었다.

  38세에 그는 인생의 갈림길에 도달했다. 톨스토이의 저작들에 의해 영향받은 앨런은 돈을 벌고 소비하는 데 모든 것을 바치는 경박한 행위가 의미 없는 삶이라는 것을 깨닫기 시작하였다. 그는 직장에서 은퇴하고, 묵상의 삶을 수행하기 위해 영국 남서부

연안에 있는 작은 시골집으로 이사를 했다. 여기 해안의 골짜기에서 앨런은 그의 스승이였던 톨스토이의 교훈대로 자발적인 빈곤, 영적인 자기 훈련 그리고 검소한 삶을 통해 자신의 꿈을 수행했다.

앨런은 성경 말씀 속에 빛나는 지혜를 마음 깊이 새겼을 뿐 아니라, 동양의 고전에서 많은 깨달음을 얻었다. 글쓰기와 명상, 그리고 소일거리로 정원 가꾸는 일을 하면서 정신적인 삶을 영위할 수 있는 토양을 마련하였다.

전형적인 앨런의 하루는 아침 일찍 일어나고, 한 시간 넘게 명상을 위해 그곳에 머물렀던 바다가 내려다 보이는 절벽을 산책하는 것이었다. 그러한 가운데 눈에 띄지 않는 거미집처럼 그의 영적인 비전은 고양되고, 그가 알려고 하지 않아도 우주의 비밀이 눈앞에 펼쳐졌다. 고요한 이러한 감동들은 내부에 기억되었다. 그는 집으로 돌아온 후에, 종이에 자신이 느낀 단상들을 기록했다. 오후에는 정원을 돌보는 일에 매진했고 저녁에는 고상한 철학적 논점을 논쟁하길 원하는 마을 사람들과의 친교를 나눴다.

10년 동안 앨런은 묵상과 사색적인 삶을 살았고,

그의 저작의 로얄티로부터 나오는 적은 수입으로 생활했다. 그가 48세가 되었을 때, 그는 갑자기 우리 곁을 떠났다. 그는 참으로 미지의 사람이었고, 명성에 의해 훼손당하지 않고, 운명에 의해 좌우되지 않고 그가 원했던 삶의 방식대로 살다 죽었다. 그의 작품은 후에 문학적으로 천재적이고 영적인 것으로 인정받았다. 그러나 이것은 알려지지 않은 영국의 신비주의자가 원하던 길이었다. 그가 죽은 후에 그의 영적인 통찰력은 세계로 전파되었다.

그는 자신의 책 『생각하는 그대로 As a man Thinketh』에서 "고결하고 숭고한 인격은 신의 은혜를 입거나 운이 좋아서 생긴 것이 아니다. 올바른 생각을 하려고 끊임없이 노력하고, 신과 같은 숭고한 생각을 소중하게 품어온 대가이다"라고 말하고 있다.

앨런은 다음과 같은 원칙을 깨달았다. 바로 "인간은 자신의 정신으로부터 분리될 수 없다"라는 것이다. 인간의 삶은 자신의 생각으로부터 분리될 수 없다. 마치 빛, 광채, 색상이 서로 분리될 수 없듯이, 정신과 생각은 인간의 삶과 떨어져 생각할 수 없는 것이다. 그러므로 생각을 변화시키면 사람을 변화시킬 수 있다는 결론이 나온다.

앨런의 이와 같이 심오하고 호소력 있는 내용 때문에 이 책은 지금까지 많은 사람들에게 읽혀지고 있으며, 현대 명상 문학의 원조로 알려져 있다. 이 한 권의 책을 읽고 얼마나 많은 이들이 감동받았는지 헤아릴 수 없을 정도이다. 이 책은 영어권 국가만 해도 수십 개의 출판사에서 출판하고 있으며, 그 밖의 나라에서도 번역 출판되고 있다. 이 책의 판매량은 줄잡아 1천만 권이 넘는 것으로 추측된다.

그는 19권의 저서를 남겼다.

머리글

나는 세상을 두루 살펴보고, 세상이 슬픔으로 어두워져 있고 고통의 맹렬한 불꽃으로 타오르고 있음을 보았다. 나는 그 원인이 무엇인지 탐구했다. 나는 깊이 생각해 보았으나 그 원인을 찾을 수 없었다. 책을 들여다보아도 그것을 찾을 수 없었다. 그런데 내 마음 속을 조사했을 때 나는 거기서 그 원인을 발견했고 또한 그 원인이 나 자신에게서 비롯된 것임을 발견했다. 나는 다시 더 깊이 탐구했고, 해결책을 발견했다. 나는 사랑의 법칙이라는 하나의 법칙을, 그 법칙에 순응하는 삶이라는 하나의 삶을, 겸손한 정신과 고요하고 유순한 마음의 진실이라는 하나의 진실을 발견했다. 그리고 나는, 부자든 가난한 자든 배운

사람이든 배우지 못한 사람이든 세속적인 사람이든 속세를 떠난 사람이든, 모든 이들이 자신의 내면에서 모든 성공, 모든 행복, 모든 성취, 모든 진실의 근원을 발견하도록 돕는 책을 쓰겠다고 꿈꾸었다. 그 꿈은 항상 내 마음 속에 있다가 마침내 실현되었다. 이제 나는 이 책에 치유와 행복의 사명을 담아 세상에 내놓는다. 이 책에 담긴 메시지는 행복과 진실의 근원을 찾고 있는 사람들의 마음속 깊이 도달할 수밖에 없음을 알기 때문에.

제임스 앨런

악의 교훈

 불안과 고통과 슬픔은 인생의 어둠이다. 세상을 살다 보면 누구나 가슴아픈 고통을 겪게 되고, 근심과 곤란의 어두운 바다에서 마음이 어지러워지고, 형언하기 어려운 고뇌의 뜨거운 눈물이 눈앞을 가로막는 체험을 하게 된다. 가슴이 찢어지는 아픔을 주고 슬픔의 어두운 장막을 드리우는 질병과 죽음이라는 위대한 파괴자는 모든 가족을 찾아온다. 파괴할 수 없을 듯 보이는 강한 악의 올가미에 모든 사람이 다소간에 꽉 붙잡혀 있어서 고통, 불행과 악운이 숙명처

럼 모든 이를 계속해서 기다린다.

  사람들은 이 어두운 그림자에서 벗어나기 위해, 또는 그것을 어떤 식으로든 누그러뜨리기 위해 맹목적으로 무수한 책략을 성급히 동원한다. 어리석게도 그들은 그런 방법을 통해 안정된 행복의 경지에 들어서기를 희망하는 것이다. 말초적인 흥분에 탐닉하는 술꾼과 창녀들, 세상의 슬픔을 외면한 채 인간을 무기력하게 만드는 사치스러운 생활에 빠진 배타적인 심미주의자, 부와 명성을 갈망하고 그 실현을 최

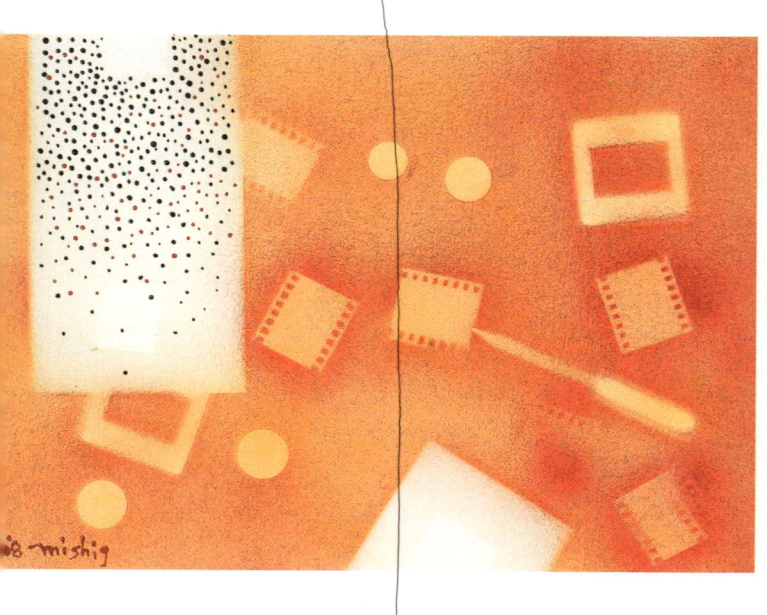

우선으로 여기는 자, 종교적인 의식을 이행하는 데서 위안을 찾는 자들이 바로 그런 사람들이다.

그들의 눈에는 자신이 추구하는 행복이 금방이라도 손에 잡힐 듯 보인다. 그래서 그들은 잠시 동안, 달콤한 방심에 빠져 악의 존재를 잊고 안일하게 지낸다. 그러나 병에 걸리는 날이 결국 찾아오게 되며, 나약한 영혼에게는 어느 날 갑자기 엄청난 슬픔, 유혹, 불운이 습격하기 마련이다. 그리하여 그들의 공상적인 행복은 산산조각나게 된다.

고통으로부터의 자유

모든 개인적인 즐거움의 배후에는 고통을 안겨 주는 위험이 항상 도사리고 있다. 올바른 지식으로 무장하지 않은 이의 영혼은 언제 어느 때나 고통의 습격을 받아 좌절에 빠지기 쉽다.

아이는 어른이 되고 싶은 마음이 간절하고, 어른은 잃어버린 어린 시절의 행복을 그리워한다. 가난한 자는 자신을 옭아매는 가난의 굴레에 짜증을 내고, 부자는 가난에 대한 두려움에 휩싸여 살거나 혹은 스스로 행복이라 이름지은 종잡을 수 없는 그림자를 찾아 세상을 헤맨다.

인간의 영혼은 때로 특정 종교를 택하고, 논리와 철학을 받아들이고, 지적·예술적 이상을 세우는 데서 보다 확실한 평화와 행복을 추구하기도 한다. 그러나 어떤 압도적인 유혹을 겪고 나면, 종교는 부적절하거나 불충분함을 드러낸다. 철학 이론은 쓸모없는 버팀목임을 깨닫게 된다. 지성과 예술의 열광적인 추종자가 수년 동안 숱한 노력을 바쳐 추구해 온 이상은 한순간에 물거품이 되어 버린다.

정녕 인생의 고통과 슬픔에서 벗어날 방법은 없는 것인가? 악의 속박을 끊어 낼 방법은 없는 것인가? 영원한 행복, 안정된 번영, 그리고 지속적인 평화는 바보 같은 꿈에 지나지 않는 것인가?

아니, 그렇지 않다. 분명 방법은 있다. 지금부터 나는 악을 영원히 근절할 수 있는 방법에 대해 기꺼이 이야기하려 한다. 질병, 가난, 불행한 조건이나 상황을 다시는 겪지 않도록 근원적으로 극복할 수 있는 방법이 있다. 역경이 재발할 거라는 두려움이 전혀 없는, 영구적인 번영을 확보할 수 있는 방법이 있다.

또한, 온전하고 영구적인 평화와 행복을 누릴 수 있게 하는 실천 방법이 있다. 이러한 영광스러운 삶을 실현하는 길은 악의 본질에 대한 올바른 이해로부터 시작된다.

악이라는 이름의 스승

 악을 부정하거나 무시하는 것으로는 충분치 않다. 악에 대한 이해가 필요하다. 악을 없애 달라고 신에게 기도드리는 것만으로는 충분하지 않다. 악이 존재하는 이유와 악이 주는 교훈이 무엇인지 알아 내야 한다. 당신을 속박하는 굴레에 대해 화내고, 초조해 하고, 안달하는 것은 아무 소용이 없다. 당신이 왜, 어떻게 속박받고 있는지 알아야 한다.

 그러므로 독자여, 당신은 객관적인 입장에 서서 스스로를 반성하고 이해하는 작업에 착수해야 한다. 당신은 경험이라는 학교에서 문제아가 되는 것을 그만두고, 정신의 고양과 인격 완성이라는 궁극의 목적을 위해 설정된 악의 교훈을 겸손하고 인내하는 자세로 배우기 시작해야 한다. 왜냐하면 악이란, 올

바로 이해되기만 하면, 이 우주에서 무소불위無所不爲의 힘이나 원리가 아니라 인생 경험의 한 통과 단계일 따름이고, 따라서 배우려는 사람에게 악은 스승이 되어 주기 때문이다.

악은 당신 외부에 존재하는 추상적인 무엇이 아니다. 그것은 바로 당신이 마음속에서 구체적으로 느끼는 경험이다. 자신의 마음을 꾸준히 점검하고 바로잡는다면, 당신은 점차 악의 근원과 본질을 발견하게 될 것이며, 종국에는 반드시 악을 완전히 근절할 수 있을 것이다.

악의 뿌리는 무지

모든 악은 교정과 치료의 성격을 가지고 있으므로, 영속적인 게 아니다. 악은 사물과 현상의 진정한 본질과 관계에 대한 무지에 뿌리를 두고 있다. 우리가 그러한 무지의 상태에 머물러 있는 한, 악에 대한 예속 상태는 계속될 수밖에 없다.

세상의 모든 악은 무지의 결과로 생겨난다. 우리가 기꺼이 악의 교훈을 배우려는 자세로 임한다면, 악은 우리를 좀더 고차원적인 지혜로 인도하고 나서 사라져 버릴 것이다. 그러나 사람들은 여전히 악의 함정에 빠져 있으며, 악은 사라지지 않았다. 악의 교훈을 배울 자세가 갖춰져 있지 않기 때문이다.

내가 아는 한 아이는 엄마가 그를 잠자리에 데려갈 때마다 엄마에게 촛불을 가지고 놀게 해 달라고 떼를 썼다. 그러던 어느 날, 그 아이는 엄마가 잠시 자리를 비운 틈을 타서 촛불을 손에 쥘 수 있게 되었다. 피할 수 없는 결과가 뒤따랐고, 그 아이는 다시는 초를 가지고 놀려 하지 않았다. 단 한 번의 어리석은 행동으로 인해 아이는 부모님 말씀에 순종해야 한다는 교훈을 철저히 깨달았으며, 불은 뜨겁다는 지식을 갖게 되었다.

이 이야기는 모든 죄와 악의 본질과 의미, 궁극적인 결과를 완벽하게 설명해 주고 있다. 그 아이가 불의 성질을 몰라서 고통을 겪은 것처럼, 그보다 훨씬 나이 든 '아이'들도 그들이 간절히 원하고 또한 얻고자 애쓰면서도 막상 얻고 나면 그들에게 해를 끼치는 것들에 대한 무지로 인해 고통을 겪는다. 다만 후자의 경우, 무지와 악이 좀더 깊은 뿌리를 가지고 있고 그 실체가 더 모호하다는 점이 다를 뿐이다.

어둠은 일시적인 것일 뿐이다

악의 상징은 항상 어둠이었고, 선의 상징은 언제나 빛이었다. 이러한 상징 체계 안에 선과 악에 대한 정확한 해석, 즉 진실이 들어 있다. 빛은 언제나 우주에 가득하고, 어둠은 끝없이 광대한 빛의 몇 줄기만을 차단하는 작은 물체에 의해 생긴 그림자나 반점에 불과하듯, 최고선最高善의 빛은 우주에 가득 충만한 긍정적 힘이자 생명을 주는 힘이며, 악은 침투하려 애쓰는 빛의 광선을 차단하고 막는 '이기적 자아'에 의해 드리워진 작은 그림자에 불과하다.

밤은 빛이 통하지 않는 암흑의 장막으로 세상을 덮어 버린다. 그러나 그 어둠이 아무리 짙을지라도, 밤은 우리가 살고 있는 작은 행성의 절반 정도의 공간만을 덮을 뿐이다. 반면에 우주 전체는 강렬한 빛으로 밝게 빛나고 있으며, 모든 영혼은 자신이 아침 빛에 깨어날 것을 알고 있다.

그렇다면 슬픔과 고통, 불행의 어두운 밤이 당신의

영혼을 뒤덮고 당신이 확신 없는 지친 발걸음으로 비틀거리며 걸을 때는, 당신이 기쁨과 행복의 무한한 빛을 당신의 개인적인 욕구로 가로막고 있을 뿐이라는 것을, 그리고 당신을 뒤덮은 어두운 그림자는 그 어느 누구도 아닌 바로 당신 자신이 드리운 그림자라는 것을 알도록 하라.

외부의 어둠이 근원도 방향도 일정한 거처도 없는 비현실, 즉 소극적인 negative 그림자인 것처럼 내부의 어둠도 빛에서 태어나 발전해 가는 영혼을 비추고 지나가는 소극적인 그림자이다.

악의 교훈을 배우기

"그런데 도대체 왜 악의 어둠을 통과해야 한단 말인가?"라고 누군가 묻는다면 이렇게 대답하겠다. 왜냐하면, 당신은 자신의 무지로 인해 그렇게 하기로 선택했기 때문이오. 그리고 어둠을 뚫고 지나감으로써 당신은 좀더 많은 빛을 감지해 낼 수 있고, 선과 악을 보다 잘 이해할 수 있을 것이기 때문이오. 모든 악은 무지의 직접적인 결과이다. 따라서 당신이 악

의 교훈을 충분히 숙지한다면 무지는 어느덧 사라지고 지혜가 그 자리를 대신하게 될 것이다.

그러나 반항적인 아이가 학교 수업을 거부하듯이 경험의 수업을 배우지 않으려 할 수도 있고, 그리하여 계속적인 어둠 속에 머무르고 질병, 실망과 슬픔의 형태로 거듭 발생하는 형벌을 겪을 수도 있다. 그러므로 자신을 에워싸는 악을 떨쳐 버리려는 사람은 기꺼이 배우려는 자세를 가져야 하며 단련과 수양의 과정을 견디어 낼 각오가 되어 있어야 한다. 그 과정 없이는 지혜나 영구적인 행복과 평화가 조금도 확보될 수 없다.

영광의 빛

스스로 어두운 방에 틀어박혀 빛의 존재를 거부하는 사람이 있을 수도 있다. 그러나 빛은 외부의 모든 곳에 퍼져 있으며, 어둠은 단지 그의 작은 방 안에만 존재할 뿐이다. 마찬가지로 당신은 진리의 빛을 마음에 받아들이지 않을 수도 있고, 또는 자신의 둘레에 쌓아올린 편견과 이기주의와 그릇된 생각의 장벽을 쓰러뜨리는 작업을 시작함으로써 어디에나 존재하는 찬란한 진리의 빛을 받아들일 수도 있다.

　진지한 자기 반성을 통해, 악은 지나가는 한 단계이며 자신이 만들어 낸 그림자에 불과하다는 사실을 단지 이론으로만 인정하지 말고 철저히 실감하도록 노력하라. 또한 당신이 겪는 모든 고통, 슬픔, 그리고 불행은 오류 없이 절대적으로 완전한 우주적 법칙에 의해 당신에게 온 것임을, 당신이 그런 일을 당할 만하고 그런 일을 겪을 필요가 있기 때문에 당신에게 온 것임을, 그런 일을 견디어 내고 이해함으로써 당신은 더 강해지고 더 현명해지고 더 고귀해질 수 있음을 깨닫도록 노력하라.

　그와 같은 깨달음에 충분히 들어섰다면, 당신은 자신의 환경을 스스로 만들고, 모든 악을 선으로 바꾸고, 뛰어난 솜씨로 운명의 천을 짤 수 있는 능력을 이미 갖춘 셈이다.

지금은 밤이지만, 오 깨어 있는 자여!
희미하게 동터오는 새벽이,
태양빛을 예고하는 황금빛 사자使者인 여명이

산꼭대기에 보이는가?
여명의 고운 빛줄기가 산꼭대기에 드리워져 있는가?

어둠을 쫓아내기 위해, 그리고 어둠과 함께
밤의 모든 악마들을 몰아내기 위해
빛이 오고 있다. 빛의 광선이 그대의 시야를 비추는가?
죄인들의 운명을 알리는 그의 목소리를 그대는 듣는가?

빛의 연인인 아침이 오고 있다.
산등성이를 지금도 황금빛으로 물들이면서
나는 밤을 향하여 지금도 다가오고 있는
빛의 진로를 어렴풋이 본다.

어둠은 사라질 것이다. 그리고 어둠을 사랑하고
빛을 미워하는 모든 것들은
밤과 함께 영원히 사라질 것이다.
기뻐하라! 빠르게 다가오고 있는 사자使者가 이렇게 노래하므로.

세상은
내면의 거울

 당신이 어떤 존재인가에 따라, 당신의 세계가 만들어진다. 외부 세계에 있는 모든 것은 당신의 내면적 경험으로 바뀌어진다. 외부에 존재하는 것들은 별로 문제가 되지 않는다. 그것들은 모두 당신의 의식 상태를 비추는 영상이기 때문이다. 당신의 내면에 있는 것이 결정적으로 중요하다. 외부에 있는 모든 것이 이에 따라 비춰지고 채색되기 때문이다.

 당신이 확실히 알고 있는 모든 것은 당신 자신의 경험 속에 들어 있는 것이다. 당신이 앞으로 알게 될

모든 것은 경험의 문을 거쳐서 들어온 다음 당신 자신의 일부가 된다.

당신의 생각, 욕망, 열망이 당신의 세계를 구성한다. 아름다움과 즐거움과 행복의 세계에 속한 모든 것, 추악함과 슬픔과 고통의 세계에 속한 모든 것이 당신 자신 안에 들어 있다. 당신의 생각에 따라 당신의 삶, 당신의 세계, 당신의 우주가 만들어지거나 망가진다.

당신이 생각의 힘으로 내면적 삶을 구성하듯이, 당신의 외적인 삶과 상황도 그에 따라 만들어진다. 마음속 가장 깊은 곳에 품고 있는 모든 생각은 필연적인 반작용의 법칙에 의해 머지않아 당신의 외적인 삶에 그 형상을 만들게 된다.

불순하고, 야비하고, 이기적인 영혼은 불행과 파멸을 향해 지극히 정확하게 끌려가고 있다. 순수하고, 이타적이고, 고귀한 영혼은 행복과 번영을 향해 똑같은 정확함으로 끌려가고 있다. 모든 영혼은 제각기 자신에게 속한 것만을 끌어당기며, 영혼에 이질적인 것은 결코 그 영혼에 도달할 수 없다. 이 점을 깨달으면 성스러운 법칙의 보편성을 깨닫게 된다.

어떤 이의 생활 속에서 벌어지는 사건들은, 성공이든 실패든, 그 영혼의 정신 세계가 지닌 특성과 힘에 이끌려 일어난 것이다. 모든 영혼은 경험과 생각이 모여 이루어진 복잡한 결합체이며, 몸은 영혼을 나타내 주기 위해 만들어진 매개체에 불과하다. 그러므로 당신이 생각하는 바가 당신의 실제 자아이며 당신이 경험하는 세상은 당신의 생각이 세상에 투사한 모습을 띠고 있다.

환경은 당신 삶의 주인이 아니다

"우리의 현재 상태는 모두 지금까지 우리가 생각해 온 것의 결과이다. 정신적 상태는 생각에 기초하며, 생각으로 이루어져 있다." 부처는 이렇게 말했다. 그러므로 어떤 이가 행복하다면 그가 행복한 생각 속에 살기 때문이고, 불행하다면 의기소침하고 무기력한 생각에 젖어 있기 때문이라는 결론이 나온다. 어떤 이가 겁이 많든 대담하든, 어리석든 현명하든, 불안하든 평온하든 간에, 그가 처한 모든 정신 상태의 원인은 그의 영혼 내부에 있으며, 결코 외부에 있지 않다.

지금 독자들이 일제히 외치는 목소리가 들리는 것 같다. "그런데 당신은 정말로 외부적인 상황이 우리의 정신에 아무런 영향을 끼치지 않는다는 겁니까?"라고. 나는 그렇게 단정적으로 말하는 것이 아니다. 상황은 단지 당신 스스로 허용할 경우에만 당신에게 영향을 끼친다고 말하려는 것이고, 이것은 의심할 여지없는 진리이다. 당신은 생각의 본질, 효용, 힘을 올바로 이해하지 않고 있기 때문에 상황에 좌우되는 것이다. 당신은 외부 상황이 당신의 삶을 성공으로

이끌거나 망치게 하는 힘이 있다고 믿는다(그리고 믿음이라는 이 단어 하나에 따라 우리들의 모든 슬픔과 기쁨이 결정된다). 그렇게 믿음으로써 당신은 외부 상황에 굴복하고, 외부 환경이 당신을 절대적으로 조종하는 주인이며, 당신은 노예라고 스스로 인정하고 있다. 또한 그렇게 믿음으로써, 당신은 아무런 힘도 없는 외부 상황에 힘을 부여한다. 그런데 당신이 굴복하는 대상은, 실은 상황 그 자체가 아니라 당신의 정신세계가 외부 상황에 투사한 우울함이나 기쁨, 두려움이나 희망, 장점이나 약점이다.

두 사람 이야기

나는 언젠가 젊은 나이에 몇 년 동안 힘들게 일해서 번 돈을 잃어버린 두 사람의 얘기를 들은 적이 있다. 한 사람은 아주 많이 고통스러워하고, 분노를 터뜨리고, 걱정하고, 낙담하였다.

그러나 다른 한 사람은 자신이 돈을 맡긴 은행이 아무런 가망 없이 파산해 버렸다는 신문 기사를 읽고 이제 돈을 되찾을 길이 없다는 사실을 알았지만,

그저 조용하고 단호하게 다음과 같이 말했다. "다 끝난 일이야. 괴로워하고 걱정한다 해도 그 돈은 다시 돌아오지 않아. 열심히 일해서 다시 벌어야지"라고. 그는 새로운 각오로 열심히 일하기 시작했고, 얼마 안 가 많은 돈을 벌게 되었다. 반면에, 앞 사람의 경우는 돈을 잃은 걸 슬퍼만 하면서, 자신의 '불운'에 대해 푸념만 늘어놓다가 결국 불행한 상황의 노리개로 전락하고 말았다. 나약하고 비굴한 생각이 그대로 현실로 굳어진 것이다.

그에게는 돈을 잃은 일이 저주의 씨앗이었다. 그는 어둡고 침울한 생각으로 그 사건을 해석했기 때문이다. 하지만 똑같은 일이 다른 이에게는 축복이었다. 그는 그 사건을 강하고 희망적인 생각으로 해석했고, 새로운 각오로 노력을 했기 때문이다.

만약 축복을 주거나 해를 끼치는 힘이 상황 자체에 있다면, 상황은 모든 사람들에게 똑같이 축복을 내리고 해를 끼칠 것이다. 그러나 똑같은 상황이라도 각각의 사람에 따라 좋을 수도 있고 나쁠 수도 있다는 사실은 선이나 악이 상황 자체에 있지 않고, 상황을 맞아들이는 사람의 정신 속에 있다는 것을 증명

한다.

  이 점을 깨닫기 시작할 때, 당신은 자신의 생각을 단속하고, 자신의 정신을 다스리고 훈련시키기 시작할 것이며, 당신의 영혼이라는 내면의 신전神殿을 다시 지어서 쓸모 없고 불필요한 생각은 모두 없애고, 기쁨과 평온, 힘과 생명, 동정심과 사랑, 아름다움과 불멸의 생각만을 당신의 존재 안으로 통합시키기 시작할 것이다. 그리고 그렇게 함에 따라 당신은 기쁨과 평온, 힘과 건강, 동정심과 사랑으로 충만하게 되고, 불멸의 미로 아름다워질 것이다.

사람마다 보는 눈이 다르다

  우리가 각자 자신의 생각이라는 색안경을 통해 사건을 체험하는 것처럼, 우리는 주변의 현실 세계에서 보이는 대상들도 자신의 생각이라는 색안경을 통해 본다. 그래서 어떤 이가 조화와 아름다움을 보는 곳에서 다른 사람은 역겨움과 추함을 보기도 한다.

  어떤 열성적인 자연주의자가 어느 날 취미 삼아 시골길을 돌아다니다가 농장 근처에서 연못 하나를 발견했다. 그는 현미경으로 검사해 볼 목적으로 작은 병에 물을 담기 위해 그 쪽으로 가면서, 옆에 서 있던 어리숙해 보이는 농사꾼에게 이 연못 속에 숨어 있는 수많은 놀라운 현상에 대해 열광적으로 설명하였고, 다음과 같은 말로 끝을 맺었다. "그래요. 이 연못 속에는 수백, 아니 수만 개의 세계가 들어 있어요. 이를 알아볼 수 있는 감각이나 도구가 있다면 그 세계를 이해할 수 있을 텐데……."

그러자 그 소박한 농부는 지루한 목소리로 이렇게 말했다. "저 연못에는 올챙이가 많이 있죠. 잡기도 쉬워요."

이 자연주의자의 정신은 자연 현상에 대한 지식으로 가득 차 있어서 아름다움과 조화, 그리고 숨겨진 장관을 연못에서 보았지만, 과학 지식을 전혀 모르는 이 농부는 같은 연못을 보면서도 불쾌한 흙탕물만 보았다.

어떤 여행자가 길을 가다 무심코 밟아 버린 들꽃도 시인의 영감 어린 시선으로 바라보면 하늘에서 내려온 천사의 메신저로 보인다. 많은 이들에게 바다는 그저 배가 항해하고 가끔씩 조난을 당하기도 하는 넓디넓고 적막한 물의 공간일 뿐이다. 그러나 음악가의 영혼을 지닌 사람에게 바다는 살아 있는 생명체이며, 그는 시시때때로 변하는 바다의 분위기 속에서 신성한 화음의 소리를 듣는다. 보통 사람들이 재난과 혼란을 보는 곳에서, 철학자의 정신을 지닌 사람은 가장 완벽한 인과 관계의 연속을 본다. 또한 유물론자가 끝없는 물질 현상만 보는 곳에서, 신비주의자는 영원한 생명의 약동을 본다.

다른 사람을 판단하는 마음의 눈

우리는 자신의 생각이라는 색안경을 통해 사건과 대상을 바라보는 것처럼, 다른 사람을 대할 때도 생각의 색안경을 통해 바라본다. 의심이 많은 사람은 모든 사람이 의심스럽다고 믿는다. 거짓말쟁이는 세상에 정말로 진실한 사람이 있다고 믿는 건 바보 같은 짓이라고 생각해야 마음이 편해진다. 시기심 많은 사람은 다른 모든 사람들도 시기심이 많다고 생각한다. 구두쇠는 모든 사람들이 자신의 돈을 탐내고 있다고 생각한다. 양심을 속이면서까지 재물을 쌓는 사람은 잠잘 때 베개 밑에 권총을 넣어 두면서 세상은 자기 돈을 강탈하려는 자들로 넘치고 있다는 망상에 사로잡힌다. 방탕한 호색가好色家는 성인聖人을 위선자로 간주한다.

반면, 사랑에 충만한 생각을 하며 살아가는 사람은 모든 사람 안에서 자신의 사랑과 동정심을 일으키는 장점을 본다. 의심할 줄 모르고 정직한 사람은 의심으로 인한 고통을 받지 않는다. 본성이 착하고 인정이 많은 사람은 다른 사람들의 행운에 기뻐하며 질투의 의미를 알지도 못한다. 또한 자기 내부의 신성神性을 깨달은 사람은 모든 생명 안에서, 심지어 짐승 안에서도 신성을 알아본다.

사람들은 인과因果의 법칙에 따라 자신들이 뿌린 대로 거두게 되고, 자신과 비슷한 생각을 가진 사람들과 만나게 되어 있다는 사실 때문에, 자신들의 정신적 시야를 바꾸지 못하고 고정 관념이 깊어지기 쉽다. 유유상종類類相從이란 속담은 사람들이 흔히 이해하고 있는 뜻보다 훨씬 깊은 의미를 담고 있다. 생각의 세계는 물질의 세계와 마찬가지로 같은 종류끼리 끌어당기기 때문이다.

친절한 대우를 받고 싶습니까? 친절하게 대하십시오.

진실을 원합니까? 진실한 사람이 되십시오.

당신이 나누어 준 대로 당신도 받을 것입니다.

당신의 세계는 바로 당신을 비춘 거울입니다.

천국은 당신 안에 있다

만약 당신이 사후에 존재하는 더 행복한 세계를 간절히 바라고 기대하는 사람들 중 한 명이라면, 당신을 위한 기쁜 소식이 여기 있다. 즉, 그 행복의 세계는 온 우주를 채우고 있고, 당신 안에 있으며, 당신이 찾아서 인정해 주고 소유해 주길 기다리고 있다.

존재의 내적인 법칙을 알았던 사람은 이렇게 말했다. "사람들이 여기로 오라 저기로 오라 말할 때, 그 뒤를 쫓아가지 말라. 천국은 네 안에 있다." 당신이 해야 할 일은, 의심에 물들지 않은 정신으로 이것을 믿고, 이해될 때까지 깊이 생각하는 것이다. 그러면 당신은 자신의 내면 세계를 정화하여 새롭게 구성하기 시작할 것이고, 뜻밖의 새로운 사실들을 계속 깨달아 가면서 당신이 발전함에 따라, 스스로 다스리는 영혼의 놀라운 힘 옆에서는 외적 요소가 완전히 무력하다는 것을 알게 될 것이다.

만약 당신이 세상을 바로잡고,
모든 악과 불행을 내쫓고 싶다면,
황무지에 꽃이 피게 하고 적막한 불모지가
장미꽃이 만발하듯 번영하게 만들고 싶다면,
먼저 당신 자신을 바로잡으라.

오랫동안 죄에 사로잡혀 있는 이 세상이
영광을 향해 방향을 전환하도록 이끌고 싶다면,
찢어진 사람들의 가슴을 회복시키고,
슬픔을 근절하고, 감미로운 위로가 넘치게 하려면,
먼저 당신 마음의 방향을 전환하라.

세상의 오랜 질병을 치료하고,
세상의 슬픔과 고통을 끝내려면,
모든 것을 치유하는 기쁨을 세상에 가져오려면,
그리고 고생하는 이들에게 평안을 주려면,

먼저 당신 자신을 치료하라.
세상을 사랑과 평화로 인도하고,
영원한 생명의 빛과 광명에 이르게 하여
죽음과 음울한 투쟁의 잠으로부터
세상을 깨우고 싶다면,
먼저 당신 자신이 깨어나라.

원치 않는 환경을
극복하는 길

 악은 이기적 자아가 영원한 선善의 초월적 형상을 가로막아서 생긴 일시적 그림자에 불과하다는 사실과 세상은 자신의 모습을 그대로 반영하는 거울이라는 사실을 깨닫고 나면, 이제 우리는 우주의 영원한 법칙을 깨닫고 바라보는 인식 단계를 향해 안정되고 여유 있는 걸음을 내딛게 된다.

 이 인식 단계에 도달하면 모든 것이 원인과 결과의 끊임없는 상호 작용 안에 포함되어 있으며, 그 어느 것도 이 법칙에서 벗어날 수 없다는 사실을 알게 된

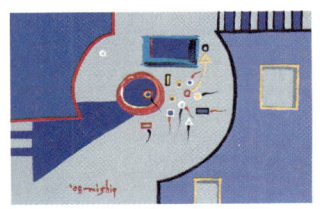

다. 사람의 아주 사소한 생각이나 말, 행동에서부터 천체의 배치에 이르기까지 영원의 법칙은 우주 최고의 힘으로 통치한다.

그 법칙을 잠시라도 벗어난 제멋대로의 상태는 있을 수 없다. 그런 경우는 영원한 법칙의 부정이자 폐지일 것이기 때문이다. 그러므로 삶의 모든 상태는 질서 정연하고 조화로운 이치와 밀접한 관계를 맺고 있으며, 모든 상태의 비밀과 원인은 그것 자체 안에 숨어 있다.

인과의 법칙

"뿌린 대로 거두리라"는 법칙은 영원의 문 위에 타오르는 듯한 글씨로 새겨져 있으며, 아무도 이 법칙을 부정할 수 없고, 속일 수 없고, 벗어날 수 없다. 불 속에 손을 넣은 사람은 불길이 다 사그라질 때까지 타 들어가는 고통을 느껴야 하며, 어떤 저주의 말을 내뱉거나 간절히 기도를 드려도 소용이 없고 상황을 바꿀 수 없다. 이와 똑같은 법칙이 정신의 영역도 지배한다.

증오, 분노, 질투, 시기, 욕망, 탐욕, 이것들은 모두 타오르는 불길이며, 이 불길에 살짝 손만 갖다 댄 사람들도 타는 고통으로 괴로워해야 한다. 이러한 모든 정신적 상태는 당연히 '악'으로 불리고 있다. 왜냐하면, 이런 것들은 무지한 상태에서 영원한 법칙을 뒤엎으려는 영혼의 결과이고, 뒤이어 정신적인 혼돈과 혼란에 이르고, 얼마 안 가 질병, 실패, 불행과 같은 외부적 상황이 슬픔, 고통, 절망과 맞물려 찾아오기 때문이다.

사랑, 온순함, 선의, 순수는 이를 추구하는 영혼에게 평화를 불어넣는 시원한 공기와도 같으며, 영원의 법칙과 조화를 이루면서 건강, 평화로운 주위 상황, 정도에서 벗어나지 않는 성공과 행운의 형태로 실현된다.

법칙에의 복종

우주 전체를 속속들이 관통하는 이 위대한 법칙을 완벽하게 이해하면 복종이라는 정신 상태에 들어가게 된다. 정의, 조화, 사랑이 우주에서 최고의 가치임을 이해하면 온갖 불운하고 고통스러운 상태가 이 법칙에 복종하지 않아서 생긴 결과라는 것도 마찬가지로 알게 된다. 이것을 알면 힘과 능력을 갖게 되며, 진정한 삶과 영속적인 성공과 행복은 이러한 이해의 바탕 위에서만 이루어질 수 있다.

모든 상황에서 인내하고, 모든 상태를 자신을 수련하는 데 필요한 요소로 받아들인다면 모든 고통스러운 상태를 초월하게 되고, 고통이 다시는 찾아올 수 없게끔 확실하게 극복할 수 있다. 법칙에 복종하는 힘에 의해 고통의 상태가 완전히 없어지기 때문이다. 법칙에 복종하는 사람은 법칙과 조화를 이루어

일을 하고, 사실상 법칙과 자기 자신을 동일시하며, 그가 극복한 결점은 영원히 극복된 것이고, 그가 쌓은 덕은 결코 파괴되지 않는다.

삶은 당신이 만드는 것

모든 힘의 원인은 모든 나약함의 원인과 마찬가지로 내부에 있다. 모든 행복의 비결도 불행의 경우와 마찬가지로 내부에 있다. 정신적인 발전과 따로 떨어진 진보는 있을 수 없으며, 이해력이 단계적으로 착실히 향상하지 않으면 번영이나 평화의 확고한 발판이 마련되지 않는다.

당신은 자신이 상황에 구속당하고 있다고 말한다. 당신은 좀더 좋은 기회, 좀더 넓은 시야, 물질적 조건의 향상을 소리쳐 요구하고 있으며, 마음속으로는 아마도 당신의 손과 발을 묶어 놓는 운명을 저주하고 있을 것이다. 그러나 당신이 자신의 내적 삶을 향상시키겠다고 확고히 결심한다면, 당신이 바라는 보다 나은 조건을 당신의 외적 삶에서도 만들어 낼 수 있다.

나는 이런 방식이 처음에는 아무 효과가 없을 것처럼 보인다는 걸 알고 있다. 진리는 항상 그런 식이다. 처음부터 유혹적이고 매혹적으로 다가오는 것은 잘못과 기만뿐이다. 그러나 당신이 그 길을 걷기 시작하고, 자신의 정신을 끈기 있게 수련하여 약점들을 뿌리째 뽑으면서, 당신의 정신적 힘과 영적 힘이 펼쳐지도록 한다면, 당신은 자신의 외적인 삶에 일어날 마술과도 같은 변화에 놀라게 될 것이다.

앞으로 나아갈수록 당신의 앞길은 황금빛 기회로 뒤덮이게 되고, 그런 기회를 적절히 이용할 수 있는 능력과 판단력이 당신의 내면에서 샘솟을 것이다. 또한 가만히 있어도 좋은 친구들이 다가올 것이다. 바늘이 자석에 달라붙는 것처럼 당신과 마음이 통하는 영혼들이 다가올 것이다. 그리고 일부러 찾지 않아도 당신이 필요로 하는 책과 온갖 외부적 도움을 얻게 된다.

불평하지 말라

어쩌면 당신에게는 가난의 굴레가 무겁게 씌워져

있을 수도 있고, 친구가 없어 외로울 수도 있으며, 당신이 짊어진 짐이 가벼워지기를 강렬히 바라지만 정신적 부담은 계속되어, 당신은 점점 더 짙어지는 어둠 속에 싸여 있는 듯 느낄 수도 있다. 어쩌면 당신은 불평을 하고, 자신의 운명을 슬퍼하며, 당신의 출생, 부모, 고용주를 탓할 수도 있다. 또는, 당신에게는 너무도 부당한 가난과 고생을 주고 다른 어떤 사람에게는 풍요와 안락을 준 운명의 신들이 불공평하다고 탓할 수도 있다.

불평하지도 초조해하지도 말라. 당신이 탓하는 대상들 때문에 당신이 가난한 것이 아니다. 원인은 당신 내부에 있다. 그리고 원인이 있으면 구제할 방법도 있다. 당신이 불평꾼이라는 바로 그 사실은 모든 노력과 발전의 기초인 믿음이 없다는 것을 보여준다.

법칙의 세계에는 불평꾼을 위한 자리가 없으며, 걱정 근심은 자기 영혼을 죽이는 짓이다. 바로 그러한 정신 자세 때문에 당신은 자신을 구속하는 굴레를 더 단단히 만들고 있으며, 당신의 주위를 감싸고 있는 어둠을 스스로 끌어들이고 있는 것이다.

삶에 대한 생각을 바꾸어라, 그러면 당신의 외적 삶도 바뀔 것이다. 믿음과 분별력을 갖춘 사람이 되도록 인격을 수양하라. 그리고 더 좋은 환경과 폭넓은 기회를 가질 만한 가치가 있는 사람으로 자신을 만들어라. 무엇보다 당신이 지니고 있는 것을 최대한 활용하도록 하라. 작은 것쯤은 그냥 넘어가도 커다란 발전을 이룰 수 있다는 생각으로 자신을 기만하지 말라. 발전할 수 있다 해도 그것은 영원하지 못하며, 자신이 무시하고 넘어간 교훈을 배우기 위해 다시 후퇴해야 할 것이다.

학생은 다음 진도로 나아가기 전에 기본을 완벽하게 해야 하는 것처럼, 당신이 원하는 위대한 선을 이루기 전에 당신이 이미 지니고 있는 것을 충실히 이용해야 한다. 성경에 나오는 달란트의 비유는 이러한 진리를 잘 보여 주는 아름다운 이야기이다. 이 이야기는 우리가 가진 재능이 아무리 하잘것없고 시시한 것이라 해도, 그것을 오용하거나 무시하거나 가치를 떨어뜨린다면 그것마저 우리에게서 달아난다는 사실을 비유적으로 묘사하고 있다. 자신의 재능을 무시하고 오용하는 사람은 그것을 소유할 가치가 없음을 스스로 보여 주고 있는 셈이다.

당신의 주위 환경을 기품 있게 하라

당신은 작은 오두막에 살고 있고, 별로 좋지 않은 환경에 놓여 있을지도 모른다. 당신은 좀더 크고 청결한 집을 갖고 싶어한다. 그렇다면 당신은 우선 자신이 살고 있는 오두막을 될 수 있는 대로 작은 낙원으로 만듦으로써 청결하고 큰 집에서 살 수 있는 마음의 준비를 해야 한다.

당신의 집을 한 점의 얼룩도 없이 깨끗하게 유지하라. 자신의 한정된 여건 속에서 최대한 멋있고 기분 좋은 공간으로 만들어라. 간소한 음식이라도 모든 정성을 다해서 요리하고, 당신의 소박한 식탁을 최대한 입맛이 당길 수 있는 식탁으로 꾸며라. 카펫을 살 여유가 없다면, 미소와 환영의 마음을 방바닥에 깔고 인내의 망치로 친절한 말들의 못을 단단히 박아 놓아라. 이런 카펫은 햇볕에 바래지도 않고, 계속해서 사용해도 닳지 않는다.

현재의 주위 환경을 이런 식으로 품위 있게 만듦으

로써 당신은 그것을 극복할 것이고, 그것의 필요성도 극복할 것이며, 때가 되면 당신이 갖기 위해 준비하고 노력해 왔던 좋은 집과 주위 환경으로 나아가게 될 것이다.

아마도 당신은 생각하고 노력할 시간을 더 많이 원하고, 노력에 들인 시간이 너무 힘들고 길다고 느낄지도 모른다. 그렇다면 자신에게 주어진 금쪽 같은 시간을 최대한 충실히 이용하도록 하라. 당신에게 주어진 시간이 아무리 적더라도 그것을 이미 낭비하고 있다면 더 많은 시간을 원한다 해도 소용 없는 일이다. 당신은 점점 더 나태해지고 냉담해질 것이기 때문이다.

악은 가면을 쓰고 나타난 축복이다
가난과 시간 부족조차도 당신이 생각하는 바와 달리 악이 아니다. 이것들이 당신의 발전을 막는다면, 당신이 스스로의 나약함을 이것들을 통해 표현했기 때문이며, 당신이 이것들 속에서 보는 악은 실제로는 당신 자신에게 있는 것이다.

당신이 스스로의 정신을 형성하고 만드는 한, 당신의 운명을 만드는 사람은 당신 자신임을 충분히 그리고 완전히 이해하려고 노력하라. 당신은 인격을 변화시키는 자기 훈련의 힘에 의해, 이 사실을 점점 더 깨달음에 따라 소위 악이라는 것이 축복으로 바뀔 수도 있다는 걸 이해하게 될 것이다.

그러면 당신은 자신의 가난을 인내심과 희망, 용기를 계발하는 데 이용할 것이며, 또한 작은 시간도 소중하게 효율적으로 이용함으로써 시간의 부족을 결단력과 행동의 기민성을 얻는 데 이용할 것이다.

두엄 냄새가 진동하는 토양에서 가장 아름다운 꽃이 자라나듯, 인류 역사상 위인들은 가난의 어두운 토양에서 아름다운 인간성의 꽃을 피운 경우가 많았다. 어려움에 대처해야 하고, 불만족스런 상태를 극복해야 하는 상황에서 미덕은 가장 크게 번성하고 또한 그 영광을 나타낸다.

당신은 가혹한 고용주 밑에서 심한 대우를 받고 있다고 느낄지도 모른다. 이것도 당신의 수련에 필요한 과정이라고 생각하라. 고용주의 몰인정한 행동에는 관용과 용서로 대하라. 인내심과 자제심을 끊임없이 실천하라. 정신적 힘과 영적 힘을 얻는 데 이러한 불리한 조건을 잘 이용하여 전화위복이 되게 하라. 당신이 조용히 모범을 보이고 감화를 줌으로써, 당신의 고용주는 느낀 바가 있게 되어 스스로 자기가 한 행동을 뉘우치게 될 것이며, 동시에 당신은 보다 높은 정신적 수준에 도달할 것이다. 그리고 높은 수준의 정신에 도달함으로써 당신은 기회가 주어질 때 당신 수준에 맞는 새로운 환경으로 들어갈 수 있게 된다.

자기 자신의 노예가 되지 말라

당신이 착취당하고 있다고 불평하지 말고, 품위 있는 행동으로 현재의 상태를 극복하라. 자신이 다른 사람에게 구속되어 있다고 불평하기 전에, 혹시 스스로 자신을 구속하고 있는 것은 아닌지 살펴보라.

자신의 내부를 살펴보라. 엄격하게 살펴보고, 자신에게 자비를 베풀지 마라. 어쩌면 당신은 자신의 내부에서 노예적인 생각과 욕망을 발견할 수도 있고, 자신의 일상 생활과 행위에서 노예적인 습관을 발견할 수도 있을 것이다. 이를 극복하라. 이제 더 이상 자기 자신의 노예가 되지 말라. 그리하면 어느 누구도 당신을 노예로 만들 힘을 갖지 못한다. 당신이 자기 자신을 극복한다면, 온갖 불리한 상태도 극복해낼 것이며 모든 어려움은 당신 앞에 무릎을 꿇을 것이다.

자신이 부자들의 억압을 받고 있다고 불평하지 마라. 만약, 당신이 부를 얻는다면 당신 자신은 가난한 자를 억압하지 않을 거라고 확신하는가? 우주에는 절대적으로 정의로운 영원한 법칙이 존재하며, 현재 다른 사람을 억압하는 사람은 미래에는 자신이 억압의 대상이 되어야 한다는 것을 기억하라. 이 논리는 예외 없이 적용된다. 따라서 위대한 법칙에 따르면, 어쩌면 당신이 전생에는 부유하고 억압하는 자였을 수도 있다. 그러므로 용기와 신념을 실천하라. 영원한 정의, 영원한 선에 대해 항상 마음속으로 곰곰이 생각하라.

개인적이고 일시적인 차원에서 벗어나 보편적이고 영원한 차원으로 들어가기 위해 노력하라. 당신이 다른 사람으로부터 상처 받고 억압 받고 있다는 자기 기만을 떨쳐 버려라. 그리고 삶을 지배하는 법칙과 자신의 정신적 삶에 대한 깊은 이해를 바탕으로, 당신은 오로지 자신 내부의 요소에 의해서만 실제로 상처를 받는다는 것을 깨닫기 위해 노력하라.

덕의 획득

자기 연민보다 더 불명예스럽고 저질이며 지겨운 일은 없다. 자기 연민을 버려라. 그런 나쁜 요소가 당신의 마음을 좀먹고 있는 한, 당신은 절대로 충만한 삶으로 들어설 수 없다. 다른 사람에 대한 비난은 그만두고, 자기 자신을 비난하기 시작하라. 완벽한 순수에 맞먹지 못하거나, 순결한 선의 빛을 견디지 못할 행동이나 욕구, 생각은 절대로 너그럽게 봐 주지 마라. 그렇게 함으로써 당신은 영원의 토대 위에 집을 지을 수 있을 것이고, 당신의 행복과 평안을 위해 필요한 모든 것은 때가 되면 당신에게 올 것이다.

마음속의 이기적이고 부정적인 상태를 뿌리뽑는 길 말고는 가난이나 어떤 원하지 않는 환경을 영원히 극복할 수 있는 길은 없다. 가난 같은 원치 않는

환경은 이기적이고 부정적인 생각의 반영이고, 그런 생각 덕분에 지속되는 것이다. 참된 부를 얻는 방법은 덕을 쌓음으로써 영혼을 풍요롭게 하는 것이다. 참된 마음의 미덕 없이는 번영도 힘도 생겨나지 않는다. 겉모습만 그렇게 보일 뿐이다.

덕을 지니지도 못했고, 덕에 대한 욕구도 거의 없는 사람이 돈을 벌고 있는 경우도 있다. 그러나 그렇게 번 돈은 참된 부를 이루지 못하며, 그 돈의 소유는 일시적이고 불안정하다.

다음은 다윗의 증언이다. "이것은 내가 악인들이 잘 되는 것을 보고 교만한 자들을 질투하였음이라……. 그들의 눈은 비만으로 인해 튀어나오고, 그들의 소득은 지나치게 많으며……. 내가 깨끗한 마음으로 살고 죄를 짓지 않은 것이 허사구나……. 내가 이 모든 문제를 이해하기가 무척 힘들었으나, 내가 하나님의 성소에 들어갔을 때 악인들의 최후를 깨달았다."(시편 73:3, 7, 13, 16, 17)

부富보다 덕을 먼저 추구하라

악인들의 성공과 번영은 다윗이 하나님의 성소에 들어가기 전까지는 그에게 크나큰 시련이었으며, 성소에 들어가고 난 후에야 그는 그들의 결말을 알았다. 당신도 마찬가지로 하나님의 성소에 들어갈 수 있다. 그것은 당신의 마음속에 있다. 이는 온갖 더럽고, 사사롭고, 일시적인 것을 넘어서서 보편적이고 영원한 원칙이 실현될 때 유지되는 의식의 상태이다. 이는 신적神的인 의식 상태이며 하나님의 성소이다.

오랜 노력과 자기 수련으로 당신이 성스러운 신전 안으로 들어가는 데 성공하면, 숨겨진 것도 꿰뚫는 통찰력으로, 모든 사람의 생각과 노력의 결과와 열매를, 선과 악 둘 다를 알아보게 된다. 그러면 당신은 부도덕한 자가 물질적 재산을 축적하는 것을 보더라도 신앙심이 약해지는 일이 더 이상 없을 것이다. 그가 가난과 타락의 길로 다시 들어설 수밖에 없음을 알기 때문이다.

덕이 없는 부자는 실은 가난하며, 강물이 바다로 흘러가고 있듯이 그는 부의 풍요 속에서 서서히 가난과 불행 쪽으로 나아가고 있는 중이다. 설령 그가 부자인 채로 죽는다 해도, 그는 생전에 저지른 모든 부도덕한 행실의 쓰디쓴 열매를 거두기 위해 다시 태어나야 한다. 그리고 그가 부도덕하게 여러 번 부자가 되더라도, 결국에 오랜 경험과 고통을 통해 내면의 가난을 극복할 때까지 그만큼 다시 가난 속에 던져진다.

그러나 물질적으로 가난해도 덕이 많은 사람은 실로 부자이고, 현재의 가난 속에서 성공과 번영을 향해 확실히 나아가고 있는 중이며, 넘치는 기쁨과 행복이 그를 기다리고 있다.

당신이 진정으로, 그리고 영원히 번영을 누리고 싶다면 먼저 덕을 갖추어야 한다. 그러므로 성공에만 목표를 두고 성공을 인생의 유일한 목적으로 삼아, 그것을 향해 탐욕스럽게 달려드는 것은 어리석은 짓이다. 그것은 결국 자기 자신을 패배시키는 길이다. 그러므로 자기 완성에 목표를 두고, 유익하고 이타적인 봉사를 통해 사회의 번영에 기여하는 것을 인생의 목적으로 삼아, 영원히 변치 않는 최고의 선을 향해 믿음의 손을 항상 뻗으라.

당신의 동기를 철저히 파악하라

당신은 자기 자신을 위해서가 아니라, 선한 사업을 하고 다른 이들에게 베풀기 위해 부를 원한다고 말한다. 만약 이것이 진짜 동기라면, 부는 당신에게 돌아갈 것이다. 당신이 많은 재산을 소유하면서도 자신을 그 돈의 주인으로 생각하지 않고 그 돈의 관리자로 기꺼이 여긴다면, 정말로 당신은 강하고 이타적인 사람이기 때문이다.

하지만 당신의 동기를 엄밀히 검토하라. 다른 사람의 행복을 위해 돈이 필요하다는 사람들 대부분의 경우, 숨겨진 진짜 동기는 대중의 인기를 얻고 싶은 것, 그리고 박애주의자나 개혁가인 체 모양을 내고 싶은 것이다.

당신이 가진 돈이 아무리 적더라도 지금 그것으로 선을 행하고 있지 않다면, 당신은 틀림없이 돈을 많이 벌수록 점점 이기적으로 되어 간다. 그리고 당신이 자신의 돈으로 베풀었던 것으로 보였던 모든 선행은 교묘한 자기 자랑이었을 것이다.

당신이 진정으로 바라는 것이 선을 행하는 것이라면, 선을 실천하기 전에 돈이 생기길 기다릴 필요가 없다. 바로 지금 당신이 있는 곳에서 선을 행할 수 있다. 만약 당신이 믿는 것처럼 진정으로 당신이 이타적인 사람이라면, 다른 이를 위해 지금 자신을 희생함으로써 그 사실을 보여 줄 수 있을 것이다. 당신이 아무리 가난하다 하더라도 자기 희생을 위한 여지는 남아 있다. 성경에 나오는 과부도 약소하나마 자신의 전 재산을 헌금함에 넣지 않았던가?

선을 진정으로 행하고자 하는 마음은 실천에 앞서 돈이 생기길 기다리지 않고, 희생의 제단으로 간다. 그리고 사사로운 욕심의 무가치한 요소들을 그 곳에 남겨 놓고 밖으로 나와서 이웃과 이방인, 친구와 적에게 똑같이 축복의 기운을 불어넣는다.

결과는 원인에 연관되어 있듯이 번영과 힘은 내적인 선에 연관되어 있으며, 가난과 무기력은 내적인 악에 연관되어 있다.

진정한 부흘란 무엇인가?

돈이 많다고 진정한 부를 이루는 것은 아니며, 지위나 권력도 마찬가지다. 그런 것에만 의지하는 것은 미끄러운 장소에 서 있는 것과 같다.

　당신의 진정한 재산은 당신이 쌓은 덕이며, 당신의 진정한 힘은 덕을 어떻게 이용하느냐에 따라 생겨난다. 당신의 마음을 바로잡아라. 그러면 당신의 삶도 바로잡힐 것이다. 정욕, 증오, 분노, 허영, 오만, 탐욕, 방종, 자기 본위, 완고함, 이것들은 모두 가난이고 약점이다. 반면에 사랑, 순수, 친절, 온순, 인내, 동정심, 관대함, 헌신, 자기 희생, 이것들은 모두 재산이자 힘이다.

　가난과 무기력의 요소가 극복되면 모든 것을 이겨내는 막강한 힘이 내부로부터 생겨나며, 최고의 덕을 자신의 것으로 굳히는 데 성공한 사람은 온 세상을 자신에게 복종시킨다.

　그러나 부자들도 나름대로 불만족스런 조건들을 가지고 있으며, 가난한 사람보다 행복으로부터 더 멀리 떨어져 있는 경우가 흔히 있다. 그래서 우리는 행복이 외적인 도움이나 소유에 달려 있는 것이 아니라 내적인 삶에 달려 있다는 것을 알아보려고 한다.

　당신은 고용주이고 당신이 고용한 사람들과 마찰

이 끊이지 않는다고 치자. 그러면 당신이 유능하고 성실한 직원들을 구해도 금방 떠나게 되어 있다. 그 결과 당신은 인간 본성에 대한 믿음을 잃어버리게 된다. 봉급을 올리고, 어느 정도의 자율을 주어서 문제를 해결하려고 해 보지만 아무 소용이 없다. 내가 충고 하나 하겠다.

당신이 곤란에 빠진 이유는 직원들에게 있는 것이 아니라 당신 자신에게 있다. 자신의 잘못을 발견해서 고치겠다는 겸허하고 진지한 자세를 가지고 자신의 내면을 살펴본다면, 머지않아 당신이 겪고 있는 모든 불행의 원인을 찾을 것이다.

그 원인은 이기적인 욕구이거나, 마음속에 잠재되어 있는 의심이거나, 몰인정한 정신 자세일 수 있다. 당신의 말투에서는 그런 기미가 보이지 않을지 몰라도, 이런 것들은 당신의 주위 사람들에게 해독을 끼치며 당신 자신에게도 반작용을 일으킨다. 직원들을 애정으로 대하고, 그들의 행복과 평안을 고려하라. 그리고 당신 자신도 하고 싶지 않은 너무 과중한 양의 업무를 직원들에게 요구하지 마라.

선을 베푸는 고용주의 모습에 직원들이 전적으로

자기 자신을 잊고 열심히 일하는 회사가 있다면, 그 고용주의 겸손은 참으로 아름답고 진귀하다 할 수 있다. 그러나 자신의 행복은 잊은 채, 자신에 의해 생활을 유지하는 직원들의 행복을 위해 애쓰는 고용주가 있다면, 그의 고귀함은 더욱 진귀하며 신성한 아름다움으로 빛나기까지 한다. 그런 고용주는 수십 배로 행복해질 수 있으며, 자신이 고용한 사람들의 불평을 들을 필요도 없다.

대규모의 직원을 고용하면서도 한 번도 직원을 해고할 필요가 없었던 어떤 잘 알려진 고용주는 이렇게 말했다. "나는 우리 직원들하고 항상 행복한 관계를 가져 왔다. 어떻게 그럴 수 있었냐고 설명을 부탁한다면, 나는 다른 사람이 나에게 해 주기를 바라는 대로 직원들에게 해 주겠다는 목표를 처음부터 지녀 왔던 것뿐이다." 바로 이 말 속에 모든 바람직한 상태를 이루고, 바람직하지 않은 모든 것을 극복할 수 있는 비결이 들어 있다.

자아에서 벗어나라

당신은 자신이 외롭고 사랑 받지 못하는 존재이며, "세상에 친구 하나 없다"고 한탄하는가? 그렇다면 당신은 자신의 행복을 위해서 다른 어느 누구도 아닌 바로 당신 자신을 탓하라고 말하고 싶다. 다른 사람들에게 친절히 대하라. 그러면 당신 주변에 곧 친구들이 몰려올 것이다. 자신을 순수하고 사랑스러운 존재로 만들어라. 그러면 모든 사람에게 사랑받을 것이다.

당신의 삶을 고되게 만드는 상황이 무엇이든지 간에, 당신은 자기 정화와 자기 극복의 힘을 내면에서 계발하고 이용하여 그 상태를 벗어나고 극복할 수 있다. 그것이 지긋지긋한 가난이든(내가 여기서 말하고 있는 가난은 죄에서 해방된 영혼들의 명예인 자발적인 가난이 아니라 불행의 원천으로서의 가난이다), 부담이 되는 부(富)이든, 또는 인생이라는 그림의 어두운 배경을 이루는 수많은 불행, 슬픔, 근심거리이든 간에, 당신은 그것들에 생명력을 불어넣은 당신 내면의 이기적 요소를 극복함으로써 그것들을 극복할 수 있다.

절대적인 영원의 법칙에 의해, 과거의 생각과 행위

중에 속죄하고 처리해야 할 부분이 있다는 것은 중요한 문제가 아니다. 왜냐하면, 동일한 법칙에 의해 우리는 삶의 매순간마다 새로운 생각과 행위를 하고 있고, 그 생각과 행위를 좋게 혹은 나쁘게 만들 수 있는 힘이 있기 때문이다. 우리가 돈을 잃거나 지위를 상실하게 (우리가 뿌린 씨를 거두는 과정으로) 된다고 해서 우리가 꿋꿋함과 정직성도 상실해야 하는 것은 아니며, 우리의 진정한 재산과 힘과 행복은 바로 용기와 정직성이다.

자아에 집착하는 사람은 스스로의 적이 되며, 적들에게 둘러싸이게 된다. 자아를 버리는 사람은 스스로의 구세주이며 자신에게 힘이 되어 주는 친구들로 둘러싸인다. 순수한 마음의 성스러운 빛 앞에서는 모든 어둠이 사라지고 모든 구름이 걷히며, 자아를 정복한 사람은 세상을 정복한 것과 같다. 그러니 가난에서 벗어나라. 고통에서 벗어나라. 자아에서 벗어남으로써 당신의 근심 걱정, 탄식, 불평, 번민, 외로움에서 벗어나라.

오래 되어 너덜너덜해진 이기심의 옷을 벗고, 보편적인 사랑의 새 옷으로 갈아 입어라. 그리하면 당신은 마음속의 천국을 실현시킬 것이며, 그 천국의 모습은 당신의 외적인 생활 전체에 반영될 것이다.

  자기 극복의 길에 확고히 발을 들여 놓고, 믿음이라는 지팡이의 도움을 받으면서 자기 희생의 길을 걷는 사람은 틀림없이 최고의 성공과 번영을 이룰 것이며, 풍요롭고 영구적인 기쁨과 행복을 누리게 될 것이다.

최고선最高善을 추구하는 자들에게는
모든 것이 가장 지혜로운 목적에 공헌한다.
어떤 것도 나쁘게 오지 않으며, 지혜는
모든 형태의 악을 선으로 바꾸어 놓는다.

즐거운 빛으로 빛나려고 기다리는 별을
음울한 슬픔이 덮어 가리지만,
지옥은 천국을 섬긴다. 그래서 밤이 지나면
멀리서 황금빛 영광이 온다.

패배는 우리가 그것을 발판으로 삼아 더 순수한 의도로
더 고귀한 목적을 향해 나아가는 계단일 뿐이다.

손실은 이득으로 인도하며, 기쁨은 시간의 언덕을
오르는 진실한 발걸음과 동행한다.

고통은 인간을 거룩한 기쁨의 길로,
신성한 생각과 말과 행위의 길로 인도한다.
어둠을 드리우는 구름과 빛나는 광명은,
위로 향한 인생의 대로大路를 따라 서로 맞닿는다.

불행은 그 길을 구름처럼 덮을 뿐,
그 길의 목적과 종점은
밝고 드높은 성공의 하늘에 있고,
그 곳은 우리가 찾아 내어 머무르기를 기다리고 있다.

우리의 희망의 계곡을 뒤덮는
의심과 공포의 무거운 장막,
영혼이 맞서 싸우는 마음속 어둠,
눈물어린 쓰디쓴 결과,
상심, 불행, 그리고 슬픔,

믿었던 의리가 깨어져 생겨난 마음의 상처,

이 모든 것들은 우리가 그것들을 발판으로 삼아
확실한 믿음의 살아 있는 길에 오르는 계단이다.

주의 깊은 사랑과 동정심이 죽음의 나라에서
생명의 나라로 오는 순례자를 마중하러 달려 나간다.
모든 영광과 모든 선한 것이
순례자가 오기를 기다린다.

생각의 고요한 힘

세상에서 가장 강력한 힘들은 눈에 보이지 않고 귀에 들리지 않으면서도, 그 힘의 강도에 따라 바르게 힘의 방향이 유도되면 이로운 힘이 되고 잘못 사용되면 해로운 힘이 된다. 증기, 전기, 원자력과 같은 역학적 힘에 이 원리가 적용된다는 사실은 많은 사람이 이해하고 있다. 그러나 이 원리를 정신의 영역에도 적용하는 사람은 아직 드물다. 정신 영역에서는 (모든 힘 중에서 가장 강력한) 생각의 힘이, 끊임없이 발생되고 있으며 구원이나 파멸의 흐름으로써 계

속 방출되고 있다.

인류 발전의 현 단계에서, 이제 인간은 이 힘을 소유하기 시작했고, 현재 진보의 전체적 방향은 이 힘을 완전히 복종시키는 쪽으로 향해 있다. 지상에 살고 있는 인간에게 가능한 모든 지혜는 완전한 극기 self-mastery를 통해서만 찾을 수 있으며, "네 원수를 사랑하라"는 계명은 자신의 정신적 힘들을 소유하고 지배하고 변화시킴으로써, 최고의 지혜를 바로 지금 여기서 소유하기 시작하라는 권고의 말씀이다. 왜냐하면 인간은, 아직은 이기주의의 물결 위에 떠 있는 지푸라기처럼 자신의 무의식적 힘에 노예처럼 종속되어 있는 처지이기 때문이다.

이스라엘의 예언자들은 최고의 법칙을 완벽히 이해했기 때문에 외부적인 사건들을 내적인 생각에 항상 관련시켰으며, 국가적 재난이나 번영의 원인을 그 시대에 국가를 지배했던 생각과 욕망에 관련시켰다. 생각이 사건을 일으키는 원동력이라는 이해는 그들이 예언한 내용의 기초이며, 모든 진정한 지혜와 힘의 기초이기도 하다.

국가적 사건들은 국가의 정신적 힘으로부터 생겨난다. 전쟁, 전염병, 그리고 기근은 방향이 잘못 잡힌 생각의 힘들이 서로 만나고 충돌하여 빚어진 것이며, 파괴가 법칙의 대리인으로 개입한 최고의 갈등 지점이다. 전쟁이 독재자 한 사람 때문에 일어났다고 생각하는 것은 어리석은 판단이다. 전쟁은 국가적 이기주의가 빚어 낸 극한 공포이다.

물질은 객관화된 생각이다

모든 존재와 사건을 나타나게 하는 원동력은, 보이지 않고 들리지 않으면서도 무엇보다도 강한 생각의 힘이다. 우주는 생각에서 생겨났다. 물질을 궁극적으로 분석하면 물질이 객관화된 생각에 불과함이 밝혀진다. 인간의 모든 업적은 생각 속에서 먼저 구상되고, 그런 다음 구체화된다. 작가, 발명가, 건축가들은 처음에는 머릿속의 생각으로 자신의 작품을 만들고, 설계 단계에서 작품의 모든 부분을 완벽하게 조화된 모습으로 완성시키고 나서 실제 형체를 만들기 시작하여, 물질이나 감각으로 작품을 보고 느낄 수 있게 해 놓는다.

생각의 힘은 우주를 지배하는 법칙과 조화를 이루는 방향으로 사용될 때 그 힘이 건설적이고 보존적이지만, 방향이 잘못된 생각의 힘은 붕괴시키는 그리고 자기 파괴적인 힘이 된다.

선善의 전능성과 주권에 대한 완전하고 변치 않는 믿음에 당신의 모든 생각을 맞추는 것이, 바로 그 전능한 선善과 협력하는 것이고 또한 당신 내면에서 모든 악을 해체하고 파괴하는 것이다. 믿음을 가져라 그러면 살게 될 것이다. 그리고 여기에 구원의 참 의미가 있다. 즉, 살아 있는 영원한 선의 생생한 빛으로 들어가고 그 빛을 실감함으로써 악의 어둠과 비존재로부터 구원 받는 것이다.

부정적인 생각의 극복

두려움, 걱정, 고민, 의심, 근심, 원통함, 실망이 있는 곳에는 무지와 신념의 부족이 있다.

이러한 정신 상태는 모두 이기심의 직접적인 결과이며, 악의 힘과 우월성에 대한 타고난 믿음을 바탕으로 하고 있다. 그러므로 이런 정신 상태는 실질적인 무신론을 구성하며, 이런 부정적이고 영혼 파괴적인 정신 상태에 이끌려 사는 것이야말로 유일한 진짜 무신론이다.

인류가 필요로 하는 것은 그런 상태로부터 구원 받는 것이다. 그리고 자신이 그런 상태에 어쩔 수 없이 속박당하고 굴복하는 동안에는 구원을 받았다고 자랑하지 마라. 두려워하거나 걱정하는 것은 욕설을 퍼붓는 것만큼 죄스런 일이다. 왜냐하면 영원한 정의, 전능한 선, 무한한 사랑을 본질적으로 믿는 자가 어떻게 두려워하거나 걱정할 수 있겠는가? 두려워하고, 걱정하고, 의심하는 것은 부정하고 불신하는 것과 마찬가지다.

모든 나약함과 실패는 그런 정신 상태에서 비롯된다. 왜냐하면, 그것들은 긍정적인 생각의 힘이 없어지고 무너졌음을 보여 주기 때문이다. 긍정적 사고의 힘이 무너지지 않았더라면 목표를 향해 힘차게 속도를 냈을 것이고, 나름대로 유익한 결과를 가져왔을 것이다.

이런 부정적인 상태를 극복하는 것은 힘이 넘치는 삶 속에 들어서는 것이고, 노예 상태를 그만두는 것이며, 주인이 되는 것이다. 그리고 이런 부정적인 상태를 벗어날 수 있는 방법은 딱 한 가지이다. 그것은 정신적인 인식과 자각을 꾸준하게 지속적으로 확장하는 것이다.

마음속으로 악을 부인하는 것으로는 충분하지 않다. 매일 실천하고 극복하고 깨달아야 한다. 마음속으로 선을 긍정하는 것만으로는 불충분하다. 확고한 노력으로 선 속에 들어가고 선을 이해해야 한다.

자제심을 현명하게 실천하면 자신 내면의 생각의 힘을 빨리 이해하게 되며, 나중에는 생각의 힘을 올바르게 이용하고 이끄는 능력을 가지게 된다. 당신은 자아를 지배하는 정도에 비례해서 정신적인 힘에 통제되는 대신, 당신이 그것을 통제하는 정도에 비례해서 일상의 일과 외부적 상황을 지배하게 된다.

상황의 노예가 되는 것

손만 대면 모든 것이 무너져 버리고, 자신의 코앞에 놓인 성공도 성취하지 못하는 사람이 있는가? 그런 사람은 바로 힘이 결여된 정신 상태 속에 계속해서 머물러 있는 사람이다.

의심의 수렁 속에 항상 빠지고, 두려움의 유사流砂에 계속 말려들거나 걱정의 바람에 끊임없이 휩쓸리는 사람은, 성공과 권세가 언제나 문을 두드린다고 해도, 그는 노예가 되고 노예의 삶을 살게 된다. 그런 사람은 신념이 없고 자제력이 없는 사람으로 자신의 일을 제대로 다스리는 능력이 없고, 상황에 얽매이기 쉬우며, 실제로는 자기 자신에게 얽매인 노예이다. 그런 사람은 고통을 통해 교육 받으며, 쓰디쓴 경험의 스트레스를 통해 결국 약한 자에서 강한 자로 변한다.

정신의 수양

신념과 목표는 삶의 원동력을 구성한다. 강한 신념과 굽히지 않는 목표가 있으면 이루지 못할 것이 없다. 신념을 묵묵히 매일 실천함으로써 생각의 힘은 하나로 모이고, 목표를 묵묵히 매일 강화시킴으로써 생각의 힘은 성취의 대상을 향해 방향이 잡힌다.

인생길에서 당신이 어떤 처지에 놓여 있든지 간에, 어느 정도의 성공과 유능함, 힘을 갖게 되길 원하기 전에 먼저 당신은 침착함과 평온을 길러 둠으로써 생각의 힘을 집중시키는 방법을 터득해야 한다. 당신은 사업가인데 갑자기 어찌할 수 없는 어려움이나 재앙에 부딪쳤다고 하자. 당신은 두려움과 걱정이 커지면서 어찌할 바를 모르게 된다. 그러나 그러한 정신 상태를 지속하는 것은 치명적이다. 걱정을 하게 되면 정확한 판단을 못하기 때문이다.

이제 이른 아침이나 밤에 한두 시간 정도 조용한 시간을 택해서, 호젓한 장소나 집안에서 당신이 아무런 방해도 받지 않고 있을 수 있는 방으로 가라. 그리고 편안한 자세로 앉은 다음, 당신의 삶에서 즐겁고 행복을 주는 무언가를 머리 속에 떠올림으로써 당신의 정신이 걱정의 대상으로부터 벗어날 수 있도록 하라. 그러면 고요하고 평안한 힘이 점차 당신의 정신 속으로 살며시 들어와서, 근심과 걱정은 사라지고 말 것이다.

당신의 정신이 걱정이라는 낮은 단계로 내려가고 있다는 것을 알아차리면, 즉시 정신을 되돌려 평화와 힘의 높은 단계에서 정신을 회복하라. 이것이 충분히 이루어졌을 때에는 자신의 온 정신을 자신의 어려움을 해결하는 데 집중시킬 수 있다. 그리하면 당신이 걱정하는 동안에는 극복할 수 없었던 복잡한 문제도 쉽고 간단해지며, 고요하고 침착한 정신일 때만 갖게 되는 명확한 통찰력과 완벽한 판단력이 생겨 어떤 과정을 추구해야 하고, 어떤 결과를 끌어내야 할 것인지 알게 된다.

마음을 가라앉히기

완벽한 마음의 평온을 이루려면 아마도 당신은 매일 노력해야 할 것이다. 하지만 꾸준히 노력한다면 틀림없이 그렇게 될 수 있다. 그리고 당신은 그 고요한 시간에 마음속으로 결정했던 일처리 방침대로 실행해야만 한다.

그 날의 업무에 다시 휩쓸리고 근심이 다시 찾아와서 당신을 지배하기 시작하면, 당신은 이미 정한 방침이 잘못되거나 어리석은 것 같다는 생각이 들 것이다. 그러나 그런 암시에 마음을 두지 말라. 걱정의 그림자에 좌우되지 말고, 고요한 통찰력이 안내하는 대로 무조건 철저하게 따르라.

고요의 시간은 깨달음과 올바른 판단력이 활동하는 시간이다. 이와 같은 정신적 훈련 과정을 통해, 산만해졌던 생각의 힘은 다시 통일되고, 미해결의 문제에 마치 탐조등의 불빛처럼 생각의 힘이 비추어져서 문제는 해결되고 만다.

생각의 힘을 고요하고 강력하게 집중시키면 아무리 큰 어려움이라도 무너지게 되어 있으며, 정당한 목적이라면 무엇이든지 영혼의 힘을 지혜롭게 사용하고 이끌어 감으로써 빠르게 실현시킬 수 있다.

　당신은 자신의 내적 본성을 깊고 철저하게 탐구하고 그 안에 잠재되어 있는 수많은 적들을 물리치고 난 후에야, 생각의 미묘한 힘에 대해, 외적인 물질적 요소와 생각의 힘과의 뗄 수 없는 관계에 대해, 또는 올바르게 방향과 균형이 잡힌 경우에 생각의 힘이 삶의 상태를 재조정하고 변화시키는 과정에서 발휘하는 마법 같은 효력에 대해 비로소 어느 정도 정확한 이해를 할 수가 있다.

생각은 힘이다

　당신이 하는 모든 생각은 밖으로 방출되는 힘이며, 그것의 본질과 강도強度에 따라 그 생각은 자신을 잘 받아들이는 정신 속에 머물 곳을 찾아 나서게 된다. 그리고 나서, 다시 당신 자신에게 이로움이나 해로움으로 되돌아올 것이다. 정신과 정신 사이에는 끊임없는 상호 작용이 있으며 생각의 힘이 계속해서 상호 교환되고 있다.

　이기적이고 불온한 생각들은 악하고 해로운 힘이

자 악의 사자(使者)로 보내져서 다른 이들의 정신 속에 있는 악을 자극하고 증대시킨 다음, 더 추가된 힘으로 당신에게 되돌아온다.

평온한, 순수한, 그리고 이타적인 생각들은 건강과 치유와 축복을 날개에 싣고 세상에 보내지는 천사의 사자(使者)이며, 악의 힘을 방해하고, 근심과 슬픔의 바다인 세상에 기쁨의 기름을 쏟아 붓고, 비탄에 잠긴 마음에게는 불멸의 천성을 회복시켜 준다.

좋은 생각들을 하라. 그러면 그것들은 좋은 상황이라는 형태로 당신의 외적인 삶에 빠르게 실현될 것이다. 자신의 영혼의 힘을 지배하고 통제하라. 그러면 당신이 원하는 대로 외적인 삶을 형성할 수 있을 것이다. 구세주와 죄인의 차이점은 이것이다. 즉 구세주는 자신 내부의 모든 힘을 완벽하게 지배하지만, 죄인은 내부의 힘에 의해 지배당하고 통제된다.

고요 속에 들어가기

진정한 힘과 영속적인 평화로 가는 길은 자제, 극기, 그리고 자기 정화에 의한 것 외에는 결코 없다.

자신의 성질과 기분에 휘둘리면 이 세상에서 무능하고, 불행하고, 쓸모가 별로 없는 존재가 된다. 당신이 좋아하는 것과 싫어하는 것, 변덕스러운 사랑과 미움의 감정, 그밖에 당신이 어느 정도 어쩔 수 없이 사로잡히는 분노, 의심, 질투 등 모든 변덕스러운 기분의 극복, 이것은 당신이 행복과 번영의 황금 실로 삶의 옷감에 수놓으려 할 때 당신 앞에 주어지는 과제이다.

당신이 내부의 변덕스런 기분의 노예로 남아 있는 한, 살아가는 동안 당신은 다른 사람이나 외부의 도움에 의지할 필요가 있을 것이다. 확고하고 굳은 결심으로 살아가면서 어떤 성취를 이루려고 한다면, 당신은 마음을 어지럽히고 발전을 저지하는 모든 정신적 동요를 극복하고 제어하는 법을 터득해야 한다.

당신은 정신을 안정시키는 습관, 즉 흔히 말하는 "고요 속에 들어가기"를 매일 실천해야 한다. 이것은 근심스러운 생각을 평화로운 생각으로, 약한 생각을 강한 생각으로 바꾸는 방법이다. 이를 실천하는 데 성공하고 나서야 당신은 삶의 문제들과 당신이 추구하는 일에 정신의 힘을 기울여 상당한 성공을 거두기를 바랄 수 있다.

이것은 흩어진 정신력을 하나의 강력한 방향으로 모으는 과정이다. 잘 설계된 배수로를 새로 설비하여 여기저기 흩어진 쓸모 없는 지류를 하나의 수로로 흐르게 함으로써 버려진 습지가 황금빛 옥수수밭이나 과수원으로 바뀔 수 있는 것처럼, 마음의 평온을 얻고 자신 내부의 생각의 흐름을 억제하고 지배하는 사람은 자신의 영혼을 구제하며, 자신의 마음과 삶을 비옥하게 한다.

극기의 힘

당신의 충동과 생각을 지배하는 데 성공할 때, 당신은 새롭고 고요한 힘이 내부에서 자라남을 느끼기 시작할 것이며, 침착함과 힘의 안정된 느낌을 항상 지닐 것이다. 당신의 잠재 능력은 활개를 펴기 시작할 것이며, 예전에는 당신의 노력이 나약하고 효과가 없었던 데 반해 이제 당신은 성공을 보장하는 침착한 확신을 가지고 일할 수 있을 것이다.

또한 이러한 새로운 힘과 능력에 더불어 '직관' 이

라고 하는 내적인 깨달음이 마음속에서 일어나며, 당신은 더 이상 어둠과 추측이 아닌 빛과 확신 속에서 걸어가게 된다.

이 영혼의 시력이 계발되면 판단력과 통찰력이 끝없이 확장되며, 당신의 내부에서 예언 능력이 발달하여 이것의 도움으로 당신은 앞으로 일어날 일을 감지하고 자신이 노력한 결과를 놀랍도록 정확하게 예측할 수 있게 된다.

또한 당신의 내부가 바뀌어진 정도만큼 삶에 대한 당신의 견해도 바뀌게 된다. 다른 사람에 대한 정신 자세가 바뀌면 그들이 당신을 대하는 태도나 행동도 바뀐다. 당신이 열등하고 허약하고 파괴적인 생각의 힘을 극복하면, 강하고 순수하고 고귀한 사람들이 발산하는 긍정적이고, 기운을 북돋우는, 발전적인 기류와 만나게 된다. 당신의 행복은 헤아릴 수 없을 만큼 커지고, 당신은 극기를 통해서만 생겨나는 기쁨, 정신력, 힘을 실감하기 시작할 것이다.

또한 이러한 기쁨, 정신력, 힘은 계속해서 당신에게서 발산될 것이며, 당신이 어떤 노력을 하지 않아도, 아니 당신이 아예 의식하지 못한다고 해도, 강한 사람들이 당신에게 몰려들 것이고, 영향력이 당신 손에 들어올 것이며, 당신의 변화된 정신 세계에 맞추어 외부적 사건들이 형성될 것이다.

유능하고, 강하고, 행복한 존재가 되려는 사람은 부정적이고, 인색하고, 불순한 생각을 순순히 받아들이는 습관을 그만두어야 한다. 현명한 가장이 하인들을 다스리고 손님을 초대하는 것처럼, 그는 자신의 욕구를 하인처럼 다스리고, 자신의 영혼이라는 저택에 어떤 생각을 손님으로 받아들일지를 권위 있게 말하는 법을 배워야 한다. 극기를 실천하는 데 아주 조금이라도 성공하면 정신력이 상당히 확대되며, 이 신성한 성취를 완성하는 데 성공하는 사람은 꿈에도 생각지 못했던 지혜와 정신력과 평화를 소유하게 되며, 우주의 모든 힘은 자기 자신의 영혼을 지배하는 사람의 발걸음을 거들고 보호한다는 것을 깨닫는다.

그대가 가장 높은 천국에 오를 것인가
가장 낮은 지옥까지 뚫고 내려갈 것인가는
항상 아름다운 꿈과 이상 속에서 사는가 아니면

가장 비열한 생각 속에 머무르는가에 달려 있다.
당신의 생각들은 당신 위에 있는 천국이며,
또한 당신 밑에 있는 지옥이기 때문이다.

행복은 생각 밖에서는 존재하지 않으며,
고통도 생각을 통해서만 느낄 수 있는 것이다.
생각이 없다면 세상은 사라질 것이다.
영광은 꿈속에서만 존재한다.
역사라는 드라마는
영원한 생각으로부터 흘러나온다.

위엄과 수치와 슬픔,
고통과 고뇌, 사랑과 미움은
운명을 지배하는,
약동하는 강력한 생각의 외관일 뿐이다.
무지개의 일곱 빛깔이 합쳐지면
무색無色의 한 광선을 이루듯이,
세상의 모든 변화들은
영원한 하나의 꿈을 이룬다.

그리고 그 꿈은 당신 안에 있는 모든 것이다.
꿈꾸는 사람은 오랫동안
아침을 기다리고 있다.
이상을 실현시키고 지옥의 꿈을 없애 줄
강력하고 활기찬 생각으로
그를 깨워 줄 아침을.
순수하고 완성된 영혼은
가장 높고 가장 신성한 천국에 거주한다.

악한 것을 지향하는 생각이 악이며,
선을 지향하는 생각이 선이다.
빛과 어둠, 죄와 순수함도
마찬가지로 생각에서 생겨난다.
가장 위대한 것을 지향하는 생각 속에 머물라.
그리하면 당신은 가장 위대한 존재를 보게 될 것이다.
당신의 정신을 가장 고귀한 것에 고정시켜라.
그리하면 당신은 가장 고귀한 존재가 될 것이다.

힘과 건강,
성공의 비결

 아무리 들어도 질리지 않는 동화 이야기를 귀기울여 듣던 어린 시절의 즐거운 기억을 누구나 갖고 있을 것이다. 위기의 순간마다 교활한 마녀, 잔혹한 거인, 또는 사악한 마귀할멈의 흉계로부터 항상 보호를 받는 착한 소년 소녀의 파란 많은 운명에 우리는 얼마나 열심히 귀를 기울였던가. 우리의 어린 가슴은 주인공의 운명에 대해 결코 비관하지 않았으며, 주인공이 모든 적을 결국 이길 거라고 굳게 믿었다. 왜냐하면 우리는 요정들이 절대 잘못을 저지르지 않

으며, 선과 진리의 편에 선 자를 저버리는 일이 없다는 것을 알고 있었기 때문이다.

또 결정적인 위기의 순간에 요정의 여왕이 마법의 힘을 발휘하여 어둠과 고통을 전부 몰아 내고, 착한 소년 소녀의 소원이 모두 이루어지도록 해 주고, 그들이 오래오래 행복하게 잘 살았다더라 하는 말로 이야기가 끝날 때, 형언할 수 없는 기쁨에 우리의 마음은 얼마나 두근거렸던가.

그러나 나이가 들어 소위 인생의 '현실' 과 점점 더

깊은 관계를 맺으면서, 어린 날의 아름다운 동화 속 세계는 기억에서 사라져 가고, 신기했던 동화의 등장 인물들은 실재하지 않는 상상물로 기억 속에서 분류되고 만다. 흔히, 사람들은 그런 식으로 어린 날 꿈의 세계를 영원히 떠나는 것이 현명해지고 강해지는 성장의 과정이라 생각한다. 그러나 놀라운 지혜의 세계에서 다시 조그만 어린이가 될 때, 우리는 용기와 영감을 주는 어린 시절의 꿈으로 다시 돌아가서 그것이 결국 현실이라는 것을 깨닫게 된다.

아주 작고 거의 항상 눈에 안 보이는 영적 존재이면서도 모든 것을 이겨 내는 마법의 힘을 소유하고, 선한 사람들에게 건강과 부와 행복을 주고, 자연의 선물도 아낌없이 풍부하게 선사하는 요정들은, 지혜가 발전함에 따라 생각의 힘과 존재의 내적 세계를 지배하는 법칙들을 이해하게 된 사람의 정신 세계에서 다시 현실이 되기 시작하고, 또한 그 안에서 불멸의 존재가 된다. 그런 사람에게, 요정들은 우주를 지배하는 선善과 조화를 이루어 일하는 생각의 인간, 생각의 전달자, 생각의 힘으로써 도움을 준다. 그리하여 최고선最高善의 마음에 자기 마음을 맞추기 위해 매일 노력하는 사람들은 진정한 건강과 부와 행복을 정말로 획득한다.

선善의 힘

 선한 마음만큼 탁월한 보호 수단은 없다. 그런데 여기서 '선한 마음'이라는 말로 내가 의미하고자 하는 바는 도덕 규범에 외견상 순응하는 태도가 아니라, 순수한 생각, 고귀한 영감, 이타적인 사랑, 자만심으로부터의 자유이다. 선한 생각들 속에 지속적으로 머무르는 사람의 주위에는 사랑스럽고 힘찬 정신적 분위기가 감돌게 되고, 그 분위기에 접촉하는 모든 사람들은 감명을 받게 된다.

 떠오르는 태양이 무력한 어둠을 물리치듯이, 무기력한 악의 모든 에너지는 순수와 믿음 속에서 강해진 마음으로부터 발산되는 긍정적 사고의 날카로운 광선에 의해 산산이 흩어지고 만다.

 타협하지 않는 순수와 진정한 믿음이 있는 곳에 건강이 있고, 성공이 있고, 힘이 있다. 질병, 실패, 그리고 불행은 그러한 사람에게서 머물 곳을 찾을 수가

없다. 그 사람 안에는 그것들이 자라날 여지가 전혀 없기 때문이다.

병은 마음에서 시작된다

신체적 상태까지도 대부분 정신 상태에 의해 결정된다. 그리고 과학계도 이 사실에 주목하기 시작하고 있다. 육체의 조건과 현상이 정신 현상을 결정한다는 과거의 유물론적 믿음은 급속히 사라져 가고 있으며, 인간의 정신은 육체보다 우월하며 육체적 현상은 생각의 힘에 의해 좌우될 수 있다는 고무적인 믿음이 널리 퍼지고 있다. 사람들은 이제 아프기 때문에 절망적인 게 아니라, 절망적이기 때문에 아픈 거라고 이해하기 시작한 것이다. 모든 질병이 마음에서 비롯된다는 사실은 머지않아 상식이 될 것이다.

이 우주에 악은 존재하지 않는다. 다만 인간의 마음속에 악의 뿌리와 원인이 존재할 뿐이다. 사실 인간의 죄, 질병, 슬픔과 고통은 우주의 보편적 질서에 속한 것이 아니며, 사물의 본성에 고유한 것도 아니다. 그것들은 사물의 올바른 관계에 대한 우리의 무지에서 비롯된 결과이다.

전해 오는 이야기에 따르면, 고대 인도에는 절대적으로 순수하고 소박한 삶을 추구한 한 철학 유파가 있었다고 한다. 그들은 평균적으로 150세까지 살았으며, 질병에 걸리는 것을 용서할 수 없는 치욕으로 여겼다. 그것은 자연의 법을 위반했음을 나타내는 것으로 간주되었기 때문이다.

인간의 질병은 격노한 신이 내린 벌이나, 어리석은 섭리의 시험이 아니다. 그것은 우리 자신의 잘못이나 죄의 결과이다. 그것을 빨리 깨닫고 인정할수록 건강의 정도正道에 그만큼 빨리 들어서게 된다. 스스로 병을 끌어당기는 자, 병을 잘 받아들이는 정신과 육체를 소유한 자에게 질병은 찾아온다. 그러나 강하고 순수하고 긍정적인 사고를 지님으로써 치유와 활기의 기운을 발산하는 사람에게는 질병이 멀리 달아난다.

부정적인 감정 = 병

만약 당신이 분노, 걱정, 질투, 탐욕 등 조화롭지

않은 정신 상태에 빠져 있으면서도 완벽하게 건강한 신체를 바란다면, 당신은 불가능한 것을 기대하는 것이다. 왜냐하면, 당신은 병의 씨앗을 계속 자기 마음속에 뿌리고 있기 때문이다. 현명한 사람이라면 그러한 정신 상태가 썩은 하수구나 전염병에 오염된 집보다 훨씬 위험하다는 것을 안다.

모든 질병의 고통과 아픔에서 벗어나 완벽한 신체적 건강을 즐기려면, 정신을 올바르게 가다듬고 생각들을 조화롭게 정리하라. 즐겁고 사랑이 가득한 생각만을 하도록 하라. 호의好意의 영약靈藥이 당신의 혈관 속에 흐르게 하라. 그러면 그 어떤 명약도 필요치 않을 것이다.

질투심, 의심, 걱정, 증오, 방종을 버려라. 그러면 병과 피로, 신경 쇠약, 뼈마디 쑤시는 증세가 없어질 것이다. 그러나 만약 이러한 허약하고 타락한 성질을 고수한다면, 병에 걸려 몸져눕게 되었다고 불평해도 소용 없을 것이다.

다음은 정신과 신체의 밀접한 관계를 보여 주는 이야기이다. 심각한 병으로 고생하는 한 남자가 용하다는 의사는 다 찾아갔지만 소용이 없었다. 심지어

병에 좋다는 온천을 찾아 여러 마을을 전전하며 목욕을 했지만 오히려 병은 더 깊어만 갔다.

그러던 어느 날 밤, 꿈에 정령이 나타나 이렇게 말했다. "형제여, 모든 치료법을 다 써 보았느냐?" 그는 대답했다. "네, 그렇습니다."

정령은, "아니다. 아직 네가 알지 못하는 온천이 있다. 나를 따라 오라."

남자는 정신 없이 정령의 뒤를 따라 갔다. 이윽고 정령은 깨끗한 물웅덩이로 그를 안내하고 나서 말했다. "이 물에 몸을 담그면 깨끗이 낫게 될 것이다." 그리고 정령은 사라졌다.

물 속에 몸을 담그고 있던 남자가 잠시 후 몸을 일으켰을 때, 세상에! 병이 씻은 듯이 사라진 게 아닌가! 그 때 물웅덩이 위쪽에 "포기하라"는 글자가 씌어져 있는 게 보였다.

잠에서 깨어나자마자 꿈의 의미 전체가 그의 뇌리를 스쳐 갔다. 그는 곰곰이 스스로를 반성했고 지금껏 방종한 생활로 기력을 빼앗겨 왔다는 사실을 깨달았다. 그는 방종한 생활을 영원히 포기하겠다고 맹세했다. 그는 맹세를 지켰으며, 그 날 이후 그의 고통은 사라지기 시작했고 곧 건강을 되찾게 되었다.

건강과 성공의 관계

사람들은 대개 과도한 업무 때문에 자신이 쇠약해졌다고 불평한다. 그러나 대부분 건강이 나빠지는 것은 자신의 에너지를 어리석게 낭비했기 때문이다. 건강을 지키기 위해서는, 충돌이나 알력이 없이 일하는 법을 터득해야 한다. 걱정하거나 흥분하거나 쓸데없이 사소한 일에 속 태우는 것은 건강에 해롭다.

두뇌 활동이든 육체 노동이든 간에 일이란 인간에게 건강을 주는 유익한 것이다. 근심 걱정을 모두 떨치고 인내심을 가지고 꾸준하게 묵묵히 일하는 사람, 당면한 일에 치열하게 정신을 쏟는 사람은 항상 서두르고 걱정하는 사람보다 훨씬 더 많은 것을 성취할 뿐 아니라 건강도 유지하게 된다.

진정한 건강과 진정한 성공은 언제나 함께 간다. 왜냐하면, 정신 영역에서 그 둘은 밀접하게 서로 얽혀 있기 때문이다. 정신적 조화가 신체적 건강을 만드는 것처럼, 신체적 건강은 정신이 계획한 바가 현실 속에서 조화로운 순서대로 실현되도록 뒷받침한다.

당신의 생각을 정리정돈하라. 그러면 당신의 인생도 질서정연해질 것이다. 걱정과 편견의 거친 바다 위에 평온의 기름을 부어라. 그러면 당신의 영혼이라는 배가 삶의 바다를 헤쳐 나아갈 때 제 아무리 위협적인 불행의 폭풍우가 몰아쳐도, 당신의 배를 난파시키지는 못할 것이다. 그리고 그 배가 마음에서 우러난 변하지 않는 믿음으로 조종된다면, 그 항로는 더욱더 안전할 것이며 많은 위험이 옆을 그냥 지나갈 것이다. 그러나 믿음 없이 조종된다면 많은 위험이 배를 공격해 올 것이다.

믿음의 힘

모든 불후의 업적은 믿음의 힘으로 성취된다. 신에 대한 믿음, 우주를 지배하는 법칙에 대한 믿음, 자신의 일에 대한 믿음, 그리고 그 일을 성취할 능력에 대한 믿음은 당신이 쓰러지지 않고 꿋꿋하게 목적을 달성하려면 반드시 모든 일의 기초로 삼아야 할 반석이다.

어떤 상황에서도 자기 내면의 가장 고귀한 충동을 따르는 것, 자신의 신성한 자아에 언제나 충실한 것, 마음의 목소리와 마음의 빛에 의지하는 것, 대담하고 평온한 마음으로 자신의 목적을 추구하는 것, 미래가 자신의 모든 생각과 노력에 대해 보답할 것을 믿는 것, 우주의 법칙은 절대로 오류를 저지르지 않는다는 것과 자신이 뜻한 바는 지극히 정확하게 자기 자신에게 되돌아온다는 것을 아는 것, 이것이 믿음이요 믿음의 삶이다.

이러한 믿음의 힘은 불확실성의 어두운 바다를 갈라 놓고, 모든 곤란의 산을 무너뜨려 믿음을 가진 영혼이 무사히 지나가게 한다.

오, 독자여! 무엇보다도 우선, 값을 매길 수 없는 이 담대한 믿음을 소유하기 위해 노력하라. 그것이야말로 행복과 성공과 평화와 힘의 부적符籍이며, 인생을 단순한 고생 이상의 훌륭한 것으로 만드는 모든 것의 부적이기 때문이다. 이 믿음을 당신 삶의 토대로 삼으라. 그러면 당신은 영원의 반석 위에 영원의 재료를 가지고 삶을 펼치는 것이다. 당신이 세우는 삶의 구조물은 절대로 와해되지 않을 것이다. 왜냐하면, 그것은 종국에는 헛되이 사라지고 말 모든 물질적인 사치와 부의 축적을 초월한 것이기 때문이다.

슬픔의 심연에 빠지거나 기쁨의 절정에 오르거나, 항상 이 믿음을 꼭 붙잡으라. 언제나 그것을 당신의 든든한 안식처로 삼고, 그 불멸의 확고한 기반 위에 견고하게 자리잡으라. 당신이 이러한 믿음에 중심을 두는 한, 당신에게 부딪쳐 오는 온갖 악의 에너지를 잡동사니 유리 장난감처럼 손쉽게 깨뜨릴 수 있을 것이다. 또한 세속적인 이익만을 추구하는 자들은 절대로 알 수도, 꿈꿀 수도 없는 기막힌 성공을 이루게 될 것이다.

"너희가 의심하지 않고 믿는다면, 내가 한 이 일을 할 수 있을 뿐만 아니라……. 이 산을 향하여 '땅에서 들려 바다에 빠져라' 하여도 그대로 될 것이다."
(마태 복음 21장)

믿음은 성공을 가져온다

살과 피를 가진 인간이면서도 오늘날 이 믿음을 깨닫고, 하루하루를 믿음 속에서 믿음에 의해 살아가는 사람들이 있다. 그들은 이 믿음을 최대한도로 시험해 보고서 믿음의 영광과 평화를 소유하게 된 사람들이다. 그들은 믿음의 명령을 내려서 슬픔과 실망의 산, 정신적 피로와 신체적 고통의 산을 망각의 바다 속으로 던져 버린 사람들이다.

당신이 이 믿음을 가지게 된다면, 미래의 성공이나 실패를 걱정할 필요조차 없이 저절로 성공이 찾아올 것이다. 올바른 생각과 올바른 노력은 필연적으로 올바른 결실을 맺는다는 사실을 안다면, 일의 결과에 대해 근심할 필요 없이 즐겁고 평화롭게 일하게 될 것이다.

나는 다양한 기쁨과 만족 속에 살아가는 한 여인을 알고 있다. 최근에 어떤 친구가 그녀에게 이런 말을 건넸다. "아, 당신은 정말 운이 좋군요! 그저 바라기만 하면 원하는 것이 이루어지니 말입니다."

사실 표면적으로는 그렇게 보였다. 하지만 실상은 달랐다. 그 여인의 인생에 찾아든 모든 행복은 그녀가 일생 동안 완성을 향해 열심히 계발하고 단련해 온 정신적 행복의 직접적인 결과였다. 단순히 바라기만 하는 것은 실망밖에 가져오지 않는다. 효과를 내는 것은 실제 삶이다. 어리석은 자는 바라기만 하고 불평한다. 반면에 현명한 자는 묵묵히 일하면서 기다린다.

그 여인은 내적으로나 외적으로 부단히 노력했다. 그녀는 특히 자신의 감정과 마음을 정성들여 가꾸었다. 그녀는 영혼이라는 보이지 않는 손으로 믿음, 희망, 기쁨, 헌신, 사랑이라는 보석을 가지고 아름다운 빛의 신전을 마음속에 건축했다. 그 신전의 찬란한 광휘는 항상 그녀 주위를 감쌌다. 그 광휘는 그녀 눈 속에서 빛났고, 그녀의 얼굴과 목소리를 통해서도 발산되었다. 그래서 그녀와 만나는 사람들은 모두 그녀의 매력에 이끌렸다.

당신의 운명은 당신이 만들고 있다

당신 역시 그 여인의 경우와 다를 바가 없다. 당신은 당신의 성공, 당신의 실패, 당신의 영향력, 당신의 인생 전체를 항상 지니고 다닌다. 당신 생각의 주된 경향이 당신의 운명을 결정하는 주요 요인이기 때문이다. 사랑스럽고, 순수하고, 행복한 생각을 내보내

면 축복이 당신 손에 쥐어질 것이며, 당신의 식탁에는 평화의 식탁보가 펼쳐질 것이다. 그러나 증오심과 불순하고 불행한 생각을 내보내면, 저주가 당신에게 쏟아질 것이며 공포와 불안 속에서 잠들게 될 것이다.

당신의 운명은 절대적으로 당신이 만드는 것이다. 그 운명이 어떤 형태이든 말이다. 매순간 당신은 인생의 성공과 실패를 좌우할 영향력을 스스로 내보내고 있다. 당신의 마음을 관대하고, 다정하고, 이타적인 방향으로 성숙시켜라. 그러면 당신이 돈을 별로 벌지 못한다 해도, 당신의 영향력과 성공은 크고 영속적일 것이다. 사리사욕의 좁은 한계 내에 당신의 마음을 가둔다면, 설령 백만장자가 된다 해도, 당신의 영향력과 성공은 아주 보잘것없는 것으로 결국 평가될 것이다.

그렇다면, 이 순수하고 이타적인 정신을 도야하라. 그리고 순수성과 믿음에 단일한 인생 목표를 결합시켜라. 그러면 당신은 풍요로운 건강과 지속적인 성공의 요소뿐만 아니라 위대함과 힘의 요소까지 내면에서 끌어 내는 셈이다.

진정한 힘의 비결

당신의 현실이 불만족스럽고 하는 일이 마음에 들지 않아도, 끈기를 가지고 성실하게 임무를 수행하라. 그리고 보다 나은 지위와 더 큰 기회가 당신을 기다리고 있다고 생각하면서, 새롭게 싹트고 있는 기회들에 대해 적극적으로 예측하고 전망하는 태도를 항상 유지하라. 그래야 결정적인 순간이 와서 새로운 길이 모습을 드러낼 때, 그 일에 충분히 준비된 정신을 가지고 또한 정신 수양에서 생겨난 지성과 선견지명을 가지고 그 길에 들어설 수 있다.

당신이 맡은 임무가 무엇이든, 그 일에 온 정신을 집중하고, 전력을 기울여라. 작은 일을 나무랄 데 없이 완벽히 수행하면 점점 더 큰 일이 반드시 주어지기 마련이다. 꾸준한 노력을 통해 항상 향상의 길을 걷고 절대로 퇴보하지 않도록 주의하라. 여기에 진정한 힘의 비결이 있다.

끊임없는 연습을 통해, 당신의 정신적 자원을 보존하는 방법과 언제 어느 때라도 한 곳에 그 자원을 집중시킬 수 있는 방법을 터득하라. 어리석은 자는 육체적 방종과 경솔한 언행, 어리석은 잡담, 이기적인 논쟁으로 자신의 정신적 에너지와 영적 에너지를 모두 낭비해 버린다.

부동不動의 힘

만일 당신이 압도적인 힘을 얻고 싶다면, 마음의 평정과 냉정함을 계발해야 한다. 당신은 홀로 설 수 있어야 한다. 모든 힘은 부동성不動性과 관련되어 있다. 거대한 산, 육중한 바위, 폭풍우를 견뎌 낸 참나무 등은 고독한 웅장함과 오연傲然한 불변성을 겸비했기 때문에 우리 인간에게 진정한 힘의 의미를 연상하게 한다. 반면에 이리저리 밀리는 모래더미, 부러지기 쉬운 나뭇가지, 흔들리는 갈대와 같은 것들은 움직이기 쉽고, 저항력이 없고, 무리에서 따로 떨어지면 전혀 쓸모가 없기 때문에 나약함의 의미를 연상하게 한다. 동료들 모두가 어떤 감정이나 격정으로 인해 동요할 때도, 홀로 고요하고 흔들리지 않는 자가 바로 힘을 가진 자이다.

자기 자신을 지배하고 통제할 줄 아는 사람만이 다른 이를 지휘하고 통제하기에 적합한 자이다. 히스

테리를 일으키는 자, 근심이 많은 자, 경솔하고 경박한 자는 친구를 구하도록 하라. 친구가 없으면 지지 기반도 없이 타락하게 된다. 그러나 고요한 자, 근심 없는 자, 사려 깊고 침착한 자는 숲과 사막, 산꼭대기의 고독을 추구하도록 하라. 그렇게 하면 이미 가진 힘에 더 많은 힘이 더해져서, 흔히 인간이 빠져드는 심리적인 동요와 혼란을 성공적으로 헤쳐 나가게 될 것이다.

격정은 힘이 아니다. 격정은 힘의 남용이며, 분산이다. 격정은 튼튼한 성벽의 바윗돌에 거세게 휘몰아치는 격렬한 폭풍과도 같다. 반면에 힘은 폭풍 속에서도 끝까지 고요하게 확고부동하게 남아 있는 바위와도 같다.

마틴 루터가 보름스worms에 가려 하자 그의 안전을 걱정하는 많은 친구들이 막아서며 그를 말렸다. 친구들의 설득과 반대가 수그러들지 않자 그는 이렇게 말했다. "저 지붕 위의 기와만큼이나 많은 악마가 보름스worms에 있다 해도 나는 갈 것이다." 마틴 루터의 그 말이야말로 진정한 힘의 표명이었다.

또 벤자민 디즈레일리가 첫 의회 연설에서 실패하

자 의원들의 비웃음이 빗발처럼 그에게 쏟아졌다. 그 때 그는 이렇게 말했다. "언젠가 당신들이 내 연설을 듣는 걸 영광으로 여길 날이 올 것입니다." 그것은 갓 생겨난 힘의 맹아萌芽를 보여 준 말이었다.

계속되는 실패와 불운을 겪어야 했던 디즈레일리는 친구들의 비웃음과 심지어 더 이상 노력해도 소용없다는 말까지 들었다. 하지만 그는 의연하게 "당신들이 나의 행운과 성공에 놀랄 날이 머지않았다"고 응수했다. 그것은 그가 수많은 역경을 뚫고 멋지게 성공함으로써 자신의 삶을 빛나게 한, 고요하고 흔들림 없는 힘의 소유자라는 사실을 보여 주는 일화였다.

하찮은 것에 정신력을 낭비하지 말라

당신에겐 그런 힘이 없다고 한탄하지 말라. 누구라도 꾸준한 연습과 훈련을 통해 그러한 힘을 얻을 수 있다. 그리고 힘의 시작은 지혜의 시작이기도 하다. 당신은 이제까지 무익하고 하찮은 일에 에너지를 자진하여 낭비해 왔지만 그런 낭비를 극복함으로써 힘을 축적하기 시작해야 한다. 시끄럽고 자제력 없는 웃음, 타인에 대한 비방과 시시껄렁한 잡담, 단지 남을 웃기기 위한 농담을 멀리해야 한다. 그것들은 당신의 귀중한 에너지를 그만큼 낭비한다.

성 바오로는 에베소인들에게 '어리석은 말과 유치한 농담'을 하지 말라고 경고했다. 이 경고만큼 숨겨진 정신적 발전의 법칙에 대한 그의 놀라운 통찰력을 잘 보여 주는 것은 없다. 유치하고 어리석은 습관이 몸에 배면 정신적인 힘과 영적 삶이 모두 파괴되기 때문이다.

그런 정신적 낭비를 허용하지 않는 데 성공할 때, 당신은 진정한 힘이 무엇인지 이해하기 시작할 것이고, 그 때서야 당신은 자신의 영혼을 속박하고 힘에 이르는 길을 가로막는 더 강력한 욕망들과 맞붙어 싸우기 시작할 것이며, 한층 더한 발전도 보장될 것이다.

한 가지 목적에 전념하는 것이 힘이다
무엇보다도, 단 하나의 인생 목표를 세워라. 정당하고 유용한 목표를 갖고, 그 목표에 아낌없이 매진

하라. 어떤 것에도 한눈팔지 않도록 하라. "결단을 못 내리는 사람은 어떤 길을 가든 흔들리기 쉽다"는 점을 기억하라. 열심히 배워라. 그러나 되도록 남에게 의존하지 말라. 자신의 일을 철저히 이해하고 그것을 완전히 자신의 것으로 만들어라. 절대적으로 신뢰할 수 있는 안내자인 양심의 소리를 항상 따르면서 앞으로 나아갈 때, 당신은 승승장구할 것이며, 한 걸음씩 보다 높은 곳에 오르게 될 것이고, 당신의 시야는 계속 더 넓어져, 본질적인 아름다움과 인생의 목적이 점차 눈앞에 드러날 것이다.

자신을 정화하라. 그러면 건강이 찾아올 것이다. 극기하라. 그러면 힘이 생길 것이며 당신이 하는 모든 일이 번영할 것이다. 왜냐하면, 당신이 자기 자신의 노예가 되어 전체에서 떨어져 나간 단위가 되는 것을 그만두고 우주의 위대한 법칙과 조화를 이루어 우주의 생명, 영원한 선과 더 이상 맞서지 않고 협력할 것이기 때문이다. 그러면 당신이 얻은 건강은 계속 당신과 함께 할 것이며, 당신이 이루는 성공은 모든 세속적 계산을 초월할 것이고 결코 쇠퇴하지 않을 것이다. 또한, 당신이 행사하는 영향력과 힘은 시대가 변해도 계속 증가할 것이다. 왜냐하면, 그것은 우주를 지탱하는 불변의 원리의 일부가 될 것이기 때문이다.

그렇다면, 건강의 비결은 바로 "순수한 마음과 질서 잡힌 정신"이다. 성공의 비결은 "확고한 믿음과 현명하게 설정된 목표"이다. 그리고 단호한 의지로써 욕망이라는 검은 말馬을 제어하는 것, 그것이 힘의 비결이다.

모든 길이 내가 지나가 주기를 기다리고 있다.
밝은 길과 어두운 길, 생기 넘치는 길과 무기력한 길,

넓은 길과 좁은 길, 높은 길과 낮은 길,
좋은 길과 나쁜 길이. 빠른 걸음이나 느린 걸음으로,
나는 지금 원하는 대로 아무 길이나 들어갈 수 있다.
그리고 실제로 걸어 봄으로써 어떤 길이 좋고 어떤 길이 나쁜지 깨닫는다.

만약 내가 마음에서 우러난 순수성이라는
높고 거룩한, 좁은 길에

신성한 맹세를 하고 들어가서 거기에 머문다면,
비아냥거리고 조소하는 사람들로부터 떨어져서
가시의 길을 지나 꽃이 만발한 초원을 향해 걷는다면,
온갖 좋은 것들이 나의 방황하는 발걸음을 기다린다.

만약 내가 지나가는 매 순간마다 사랑과 인내를
놓치지 않는다면, 또 항상 결백함을 지키고
고도의 성실성으로부터 결코 벗어나지 않는다면,
나는 건강과 성공과 힘이 기다리고 있는 곳에
설 수 있다. 그리하여 영원한 생명의 나라를
마침내 보게 될 것이다.

온갖 좋은 것들을 나는 추구하고 찾을 수 있으며, 얻을 수도 있다.
나는 권리 주장을 하지 않을 수 있으나, 잃는다면 되찾을 수도 있다.
법칙이 나를 위해 구부러질 수는 없으며 내가 법칙에
순종해야 한다. 내 고통을 종식시키려면,
내 영혼이 빛과 생명을 회복하려면,
그리고 더 이상 눈물을 흘리지 않으려면.

온갖 좋은 것들에 대한 오만하고 이기적인 권리 주장은 내 것이 아니다. 추구하고 깨닫고 알고 이해하고자 하는 겸손한 의도가 내 것이다.
모든 성스러운 발걸음은 지혜를 향하여 나아간다.
내 것이라고 주장하거나 명령할 수 있는 것은 아무것도 없다.
그러나 이해하고 알고자 한다는 의미에서는 모든 것이 내 것이다.

풍요로운
행복의 비결

　행복에 대한 인간의 갈망은 행복의 결핍 상태만큼이나 대단하다. 가난한 자들은 대부분, 부를 소유하면 완전하고 영구적인 행복을 얻을 거라 믿으면서 부를 애타게 바란다. 그러나 부자들 중 상당수가 모든 욕망과 즉흥적인 기분을 만족시킨 후에도 권태와 포만감으로 괴로워하며, 심지어는 아주 가난한 자들보다도 행복에서 더 멀리 떨어져 있다.

　세상만사를 곰곰이 숙고해 본다면, 행복이 단순히 물질적 소유에서 오는 것이 아니며, 불행이 단순히

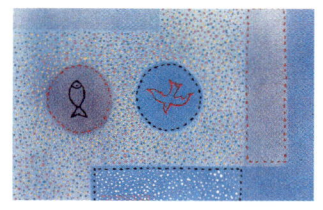

물질적 소유의 결핍에서 비롯되는 것도 아니라는 아주 중요한 진실을 깨닫게 될 것이다. 만일 그게 아니라면 가난한 자는 항상 불행하고, 부자는 항상 행복해야 할 것이다. 그러나 우리는 그 반대의 경우도 종종 볼 수 있지 않은가.

내가 알고 있는 아주 불행한 사람들 중에는 부와 향락에 둘러싸인 사람들도 있다. 또, 내가 만나 본 가장 명랑하고 행복한 사람들 중에는 생활을 근근이 유지할 정도로 궁핍한 사람들도 있다. 부를 축적한

사람들 중 상당수가 이구동성으로 말한다. 부의 획득 뒤에 따르는 이기적인 만족은 생활의 달콤함을 앗아 갔으며, 자신은 지금 가난했던 시절만큼 행복하지 않다고.

욕망의 미혹

그렇다면 무엇이 행복인가. 어떻게 행복을 지킬 수 있는가? 행복은 허구와 착각에 불과하며, 고통만이 영구적인 것인가?

일부 지혜의 길에 들어선 자들을 제외한 대부분의 사람들은 행복이란 욕망의 만족을 통해서만 얻을 수 있다고 믿는다. 무지의 토양에 뿌리를 내리고 이기적 갈망으로 계속 강화되는 이 믿음이야말로 세상 모든 불행의 원천이다.

나는 욕망이란 단어의 의미를 비천한 동물적 갈망으로 한정하는 것이 아니다. 더 고차원적인 마음의 영역에서는 훨씬 더 강력하고 미묘하고 은밀한 갈망들이 품위 있는 지성인들을 속박하며, 그들에게서 영혼의 아름다움과 조화와 순수성을 모두 빼앗아 간다. 영혼의 이 속성들이야말로 행복의 원천인데도 말이다.

대부분의 사람들은 이기심이 세상 모든 불행의 원인이라는 사실을 인정하지만, 자기 자신의 이기심이 아닌 다른 사람의 이기심이 불행의 원인이라는 영혼 파괴적인 미혹에 빠져 있다. 불행이란 자신의 이기심이 빚은 결과라는 사실을 기꺼이 인정할 때, 당신은 천국의 문에서 그리 멀지 않은 곳에 있는 것이다. 그러나 삶의 기쁨이 사라진 것이 다른 이들의 이기심 때문이라고 확신하는 동안에는, 당신은 스스로 만들어 낸 연옥의 죄수로 남아 있을 것이다.

행복은 기쁨과 평화가 샘솟는 완벽한 정신적 만족의 상태이다. 그리고 그 상태에서는 모든 욕망이 제거된다. 욕망의 충족에서 오는 만족 상태는 짧고 환상에 불과하며, 점점 더 높은 만족감을 필요하게 된다.

욕망은 결코 만족할 줄 모르며, 자신의 요구가 받아들여지면 점점 더 소리 높여 아우성친다. 욕망은 자신에게 현혹된 열광적 추종자들이 계속해서 더 많은 봉사를 하도록 요구한다. 그리하여 그 추종자들은 결국 몸과 마음의 고뇌로 쓰러지며, 고통이라는 정화의 불길 속에 던져진다.

    욕망은 지옥의 영역이다. 인간의 모든 고통과 고뇌가 거기에 중심을 두고 있다. 따라서 욕망을 포기하는 것은 천국을 실현하는 것이며, 모든 기쁨이 거기서 순례자를 기다린다.

나는 천상으로 내 영혼을 올려 보냈으며
저승의 글자 몇 개를 읽었다.
이윽고 내 영혼은 나에게로 돌아왔고,
그리고 속삭였다. "나 스스로가 천국이고 지옥이다."

천국과 지옥은 마음의 상태이다

    천국과 지옥은 마음의 상태이다. 자아와 모든 이기적 욕망에 빠져들라. 그러면 당신은 지옥에 빠져들 것이다. 그 의식 상태를 초월하여 자아를 전적으로 부정하고 잊으라. 그러면 천국에 들어설 것이다.

    자아는 맹목적이며 올바른 판단력과 참된 지식을 결여하여 항상 고통에 이르고 만다. 올바른 인식, 공정한 판단, 그리고 참된 지식은 신적인 의식 상태에만 속하며, 당신은 이 신적인 의식에 도달해야만 진정한 행복이 무엇인지 알 수 있다.

   사사로운 행복만을 이기적으로 계속 추구하는 동안에는, 행복이 당신에게서 멀어질 것이며 당신은 본의 아니게 불행의 씨앗들을 뿌리고 있을 것이다. 반면에 당신이 다른 이들을 위해 봉사하는 가운데 자아를 잃는다면, 그만큼의 기쁨이 당신을 찾아올 것이며, 머지않아 당신은 행복이라는 대가를 거둬들이게 될 것이다.

행복한 마음은 사랑받는 데 있지 않고
사랑하는 가운데 있다.
우리가 추구하던 대상을 발견하는 것은
선물을 구하는 데 있지 않고
선물을 주는 가운데 있다.
당신의 열망과 당신의 필요가 무엇이든,
바로 그것을 아낌없이 다 주어라.
그럼으로써 당신의 영혼은 만족하게 될 것이며,
당신의 삶은 진정 풍요해질 것이다.

얻기 위해 포기하라

　자아에 집착하면 슬픔에 집착하게 된다. 자아를 포기하면 평화에 들어서게 된다. 이기적으로 얻으려고만 하면 기쁨을 잃게 될 뿐 아니라, 기쁨의 원천까지 잃게 된다. 폭식가가 끊임없이 새로운 요리를 찾고, 그것으로 자신의 약화된 식욕을 자극하는 것을 보라. 그가 과식過食으로 몸이 무거워지고 질병에 걸려, 결국에는 음식을 먹는 즐거운 행위 자체가 곤욕이 되는 것을 보라.

　식욕을 절제하고, 미각의 향락에 조금도 빠져들지 않는 사람은 아무리 검소한 식사도 즐겁게 먹는다. 사람들이 욕망의 만족 속에 있다고 자아의 눈을 통해 상상하는 화려한 행복은, 막상 그것을 붙잡고 보면 불행의 해골임이 항상 드러난다. 진정, "자기 생명을 아끼는 사람은 잃을 것이며, 진리를 위해 자기 생명을 잃는 사람은 얻을 것이다."

　변치 않는 행복은 당신이 이기적인 집착에서 벗어나 자발적으로 포기할 때 찾아올 것이다. 당신에게 아주 소중하지만 언젠가는 당신에게서 떠나갈 일시적인 것들을 아낌없이 체념한다면, 당신에게 고통스러운 상실처럼 보였던 것이 결국에는 최상의 이익이 됨을 발견하게 될 것이다. 얻기 위해 포기하는 것, 자발적으로 양보하고 손해를 입는 것, 그것이 참으로 생명의 길이다.

행복의 추구

본질상 언젠가는 사라질 수밖에 없는 것들에 마음을 쏟으면서 진정한 행복을 찾을 수 있을까? 아니다. 변치 않는 진정한 행복은 영속적인 것에 마음의 중심을 둘 때만 찾을 수 있다.

그러므로 일시적이고 찰나적인 것들에 대한 집착과 갈망을 초월하라. 그러면 당신은 신神의 의식 속으로 들어갈 것이다. 그리고 자아를 초월하여 순수성, 자기 희생, 보편적 사랑의 정신이 점점 더 자라남에 따라 당신이 신神의 의식 속에 확고히 자리잡을 때, 당신은 어떤 변동도 없고 누구도 빼앗아 갈 수 없는 행복을 실현하게 될 것이다.

티끌만한 사심도 없이 타인에 대한 사랑을 실천하는 사람은 최고의 행복을 얻을 뿐만 아니라, 영원한 생명에 들어서게 된다. 그 마음은 이미 신성을 실현했기 때문이다. 당신의 삶을 뒤돌아보라. 당신이 최고로 행복했던 순간은 어느 때였는가. 그것은 아마 사심 없는 사랑이나 동정심에서 우러나온 말과 행동을 실천했을 때일 것이다.

행복과 조화harmony는 영적으로 같은 뜻이다. 조화는 우주를 지배하는 위대한 법칙의 한 양상이며, 사랑은 그 법칙의 정신적 표현이다. 모든 이기심은 부조화이다. 이기적인 마음은 신의 질서에서 벗어나 있다. 인간은 자아의 부정이기도 한 우주적 사랑을 실현할 때, 신성한 음악, 우주의 노래, 말로 형용할 수 없는 그 성스러운 멜로디에 자신을 조화시킨다.

사람들은 행복을 찾아 맹목적으로 여기저기 달려들고 있지만 행복을 찾지 못한다. 행복은 온 세상을 가득 채우고 있어서 이미 자기 마음속에 있고 자기 주위에도 있다는 것과 자신이 이기적인 추구 속에서 스스로 행복을 차단하고 있다는 것을 이해하기 전까지 사람들은 계속 방황할 것이다.

행복의 비결

행복을 갖기 위해 나는 행복을 쫓아갔다.
높이 솟은 참나무와 바람에 흔들리는 담쟁이덩굴을 지나서.

행복은 달아나고, 나는 뒤를 쫓는다.
경사진 언덕과 골짜기를 넘어,
들판과 초원을 지나, 자줏빛 계곡에서
기운차게 흐르는 시냇물을 따라 달리며,
독수리가 우는 아슬아슬한 벼랑을 기어올랐다.
모든 육지와 바다를 바쁘게 돌아다녔지만,
행복은 늘 나를 피해 달아났다.
지치고, 마음 약해진 나는 더 이상 쫓아가질 않았고,
불모의 땅에 그냥 주저앉아 버렸다.
누군가 내게로 와 음식을 달라 하였고,
또 누군가는 자선을 부탁하였다.
나는 그들의 여윈 손에 빵과 돈을 쥐어 주었다.
누군가 동정을 구하러 왔고, 또 누군가는 휴식을 찾아 왔다.
나는 도움이 필요한 모든 이와 함께 내가 가진 모든 것을

나누었다.

그 때, 보라! 감미로운 행복이 성스러운 모습으로 내 옆에 서 있네.

'나는 너의 것'이라고 부드럽게 속삭이며.

벌라이Burleigh의 이 아름다운 시구는 풍요로운 행복의 비결을 표현하고 있다. 사사롭고 일시적인 것들을 희생시켜라. 그러면 당신은 비개인적이고 영원한 차원 속으로 즉시 들어갈 것이다. 모든 것을 자신의 작은 이익에 종속시키고자 하는 편협하고 옹색한 자아를 포기하라. 그러면 당신은 천사들의 무리에 낄 것이며, 보편적 사랑의 본질과 하나가 될 것이다.

다른 이의 슬픔에 공감하고 그들을 돕는 가운데 자신을 완전히 잊으라. 그러면 성스러운 행복이 당신을 모든 슬픔과 고통에서 해방시킬 것이다. "우선 좋은 생각을 갖고, 그 다음엔 좋은 말을 하고, 그러고 나서 좋은 행동을 함으로써 나는 천국에 들어갔다." 당신 역시 똑같은 과정으로 천국에 들어갈 수 있다. 천국은 멀리 있는 것이 아니다. 바로 우리 곁에 있다. 천국은 사심 없고 이타적인 사람만이 도달할 수 있으며, 마음이 순수한 사람만 천국을 온전히 알 수 있다.

끝없는 행복인 천국을 당신이 아직 모르고 있다면, 사심 없는 사랑이라는 높은 이상을 항상 마음에 품고 그것을 열망함으로써 천국을 실현하기 시작할 수 있다. 열망이나 기도는 높은 곳을 향한 욕망이다. 변치 않는 만족감은 성스러운 영적 근원을 향해 나아가는 영혼 안에서만 발견될 수 있다. 욕망의 파괴적인 에너지는 열망에 의해 한없이 확장되는 신성한 에너지로 변화된다. 열망한다는 것은 욕망의 속박을 떨쳐 내기 위해 노력하는 것이다. 열망하는 인간이란 외로움과 고생을 통해 마침내 지혜를 깨닫고, 하나님 아버지의 집으로 돌아오고 있는 탕아蕩兒이다.

나눔의 기쁨

탐욕스러운 자아를 초월하여 자신을 속박하는 사슬을 하나씩 차례로 깨뜨리면, 당신은 이기적 소유의 불행에서 벗어나 나눔의 기쁨을 실감하게 된다. 즉 당신은 당신의 재산, 당신의 지적 능력, 당신 마음속에서 자라나고 있는 사랑과 빛을 이웃과 함께 나누는 기쁨을 실감하게 된다. 그 때 당신은 실로 "받는 것보다 주는 것이 더 행복하다"라는 말의 의미를 이해하게 될 것이다. 그러나 주는 행위는 보상에 대한 욕구 없이, 자아의 더러움 없이 마음에서 우러나온 것이어야 한다.

순수한 사랑의 선물에는 늘 축복이 뒤따른다. 당신이 사랑을 베풀었는데도 사람들이 고마워하지 않거나, 아첨하지 않거나, 또는 당신 이름이 신문에 실리지 않아서 언짢은 기분이 든다면, 당신이 베푼 것은 진정한 사랑에서 우러나온 것이 아니라 허영심의 발로이며, 당신은 얻기 위해 준 것 뿐이고, 따라서 진정으로 준 것이 아니라 움켜쥐려 한 것일 뿐이다.

다른 사람들의 번영에 마음을 쓰는 가운데 자아를 잃어버려라. 당신의 모든 행위 중에 자아를 잊으라. 그것이 풍요로운 행복의 비결이다.

이기심이 발동하지 않도록 항상 경계하라. 마음에서 우러나온 희생이라는 성스러운 교훈을 충실히 배우라. 그럼으로써 당신은 행복의 최정상에 올라 영원한 생명의 빛나는 옷을 입고 우주적 기쁨의 찬란한 빛 속에 항상 머물게 될 것이다.

그대는 시들거나 바래지 않는 행복을 찾고 있는가?

그대는 슬픈 날을 단 하루도 허용하지 않는, 살아 있는 기쁨을 찾고 있는가?

그대는 사랑과 생명과 평화의 시냇물을 간절히 원하고 있는가?

그렇다면 모든 욕망이 마음속에서 떠나게 하고, 이기적인 추구를 멈추도록 하라.

그대는 슬픔이 늘 따라다니는, 고통과 상처의 길에서 꾸물거리고 있는가?

그대는 그대의 지친 발을 더욱 손상시키는 길에서 방황하고 있는가?

그대는 눈물과 슬픔이 없는 안식처를 동경하고 있는가?

그렇다면 그대의 이기적인 마음을 희생시키고 평화의 마음을 찾아 내라.

번영의 실현

진정한 번영의 실현은 성실, 믿음, 관대함, 사랑이 넘치는 마음을 가진 사람에게만 허락된다. 이런 자질이 결여된 사람은 번영을 알 수가 없다. 번영은, 행복과 마찬가지로, 물질적 소유가 아니라 정신적 실현이기 때문이다.

탐욕스런 사람은 백만장자가 될 수 있을지는 몰라도 언제나 비참하고 비열하고 불쌍하게 살아갈 것이며, 이 세상에 자기보다 더 부유한 사람이 한 명이라도 있는 한 자신의 재산이 부족하다고 생각할 것이

다. 반면에 물질적 소유는 많지 않다 할지라도, 정직하고 남에게 아낌없이 베풀고 다정한 사람은 풍요롭고 완전한 번영을 이룰 것이다. 불만을 느끼는 사람이 가난한 자이다. 자신이 가진 것으로 만족하는 사람이 부유한 사람이며, 자신이 가진 것을 아낌없이 베푸는 사람은 더욱 부유한 사람이다.

세상은 정신적·물질적인 온갖 좋은 것들로 가득한데, 그것에 비해 몇 푼의 금화나 몇 에이커의 땅을 지키기 위해 맹목적으로 열심히 노력하는 인간의 이

기심은 얼마나 암울하고 무지한 것인가! 자기 중심적인 삶은 자기 파멸의 길이다.

자연은 조건 없이 모든 것을 베풀지만, 아무것도 잃지 않는다. 인간은 모든 것을 붙잡으려 하면서, 모든 것을 잃는다.

진정한 번영

진정한 번영을 실현하고자 한다면, 다른 많은 사람들이 그랬던 것처럼, 당신이 옳은 일을 하면 모든 일이 잘못될 거라는 고정 관념을 갖지 말라. '경쟁'이란 단어가, 정의를 최고의 덕목으로 생각하는 당신의 믿음을 흔들지 못하게 하라. 나는 '경쟁의 법칙'에 대해 사람들이 어떤 말을 하든 개의치 않는다. 세상에는 불변의 법칙이 있다. 이 법칙은 정의로운 사람의 마음과 인생에서 언젠가는 경쟁의 법칙을 모두 몰아내고 말 것이다. 이 불변의 법칙을 알게 된 후로, 나는 모든 부정직한 행위를 평온한 마음으로 지켜볼 수 있다. 그런 행위가 어디서 확실한 파멸을 맞게 될지 알기 때문이다.

어떤 상황에서든 당신이 옳다고 믿는 것을 실천하라. 그리고 세상을 지탱하는 불변의 법칙을, 우주에 내재하는 신성한 힘을 신뢰하라. 그러면 그 힘은 절대로 당신을 버리지 않을 것이며, 항상 당신을 보호할 것이다. 이러한 신뢰는 당신의 모든 손실을 이익으로 바꿀 것이며, 위협적인 온갖 저주의 말을 축복으로 바꿀 것이다. 성실, 관용, 사랑을 절대로 놓지 말라. 이것들이 힘과 결합되면, 당신을 진정한 번영의 상태로 끌어올려 줄 것이기 때문이다.

세상은 늘 당신에게 말할 것이다. 항상 자기 자신에게 먼저 신경 쓰고, 그런 후에 다른 사람을 배려해야 한다고. 그 말을 믿지 마라. 그런 태도는 다른 사람을 배려하는 것이 전혀 아니며 자신의 안락만을 생각하는 것이다. 그렇게 사는 사람은 언젠가는 모든 이에게 버림받을 것이다. 그리하여 자신의 말에 귀 기울이고 도움의 손길을 내밀 사람 하나 없이, 외로움과 분노에 떨며 홀로 울부짖게 될 것이다. 자기 자신만을 생각하는 사람은 모든 고귀하고 성스러운 충동을 스스로 속박하고, 왜곡하고, 방해한다. 당신의 영혼을 확장시켜라. 사랑과 관대한 온정이 담뿍

담긴 마음으로 다른 이에게 다가가라. 커다란 기쁨이 계속 당신과 함께 할 것이고, 번영이 당신을 찾아올 것이다.

정의의 길에서 벗어나 방황하는 사람은 경쟁의 세찬 흐름 속에서 자기 자신을 보호한다. 그러나 언제나 정의를 추구하는 사람은 자기 방어의 문제로 고민할 필요가 없다. 이건 빈말이 아니다. 실제로 오늘날 성실과 믿음의 힘으로 모든 경쟁을 무시하고, 그들의 신조에서 조금도 벗어나지 않은 채, 다른 이가 경쟁을 목적으로 도전해 왔을 때에도 꾸준히 번영의 길을 걸었던 사람들이 있다. 반면에 그들을 해치려는 음모를 꾸몄던 자들은 패배하여 물러갔다.

선한 정신적 자질들을 지니는 것은 악의 힘을 모두 차단하는 강력한 갑옷을 입는 것과 같다. 그리고 그러한 자질들을 도야하는 것은 흔들리지 않는 성공을 쌓아올리는 것이며, 영원히 지속될 번영의 길로 들어서는 것이다.

눈에 보이지 않는 마음의 흰 옷은
죄와 슬픔, 비탄과 고통으로 얼룩져 있다.

모든 참회의 눈물과 기도의 샘물로도
그것을 다시 새하얗게 세탁할 수 없다.

무지의 길을 걷는 동안에는
죄의 얼룩이 계속 배어들 것이다.
이기심의 구부러진 길은 마음의 불결함이 특징이다.
그 길에는 고민이 잠복해 있고 실망이 가슴을 찌른다.
지식과 지혜만이 정화(淨化)의 효력이 있고
내 옷을 깨끗하게 만들 수 있다.
그 안에는 사랑의 물이 있고,
영원하고 고요한, 방해받지 않는 평화가 있기 때문이다.

죄와 후회는 고통의 길이며, 지식과 지혜는 평화의 길이다.
실천이라는 가까운 길을 통해,
나는 어디에서 행복이 시작되고
어떻게 고통과 슬픔이 종식되는지 발견하게 될 것이다.

이기심은 떠나게 될 것이다. 그리고 진리가
그 자리를 차지할 것이다. 변함없는 존재인,

신神이 내 안에 그의 거처를 정하고

보이지 않는 마음의 흰 옷을 청결하게 해 줄 것이다.